Activity Book

Willkommen! 2
German
Intermediate course

Heiner Schenke

JOHN
MURRAY
LEARNING

Acknowledgements

p8 Staatsministerium Baden-Württemberg, p17 © Heiner Schenke, p29 Kzenon/Shutterstock.com, p54 © Buddy Bear Berlin, p59 photo.ua/Shutterstock.com, p117 (left) Österreichischer Rundfunk, ORF, (right) Schweizer Radio und Fernsehen, SRF

First published in Great Britain in 2019 by John Murray Learning, an imprint of Hodder & Stoughton. An Hachette UK company.

ISBN 9781444165203
Impression number 10 9 8 7 6 5 4 3 2 1

Cover image © Shutterstock.com
Illustrations © Barking Dog Art 2019

Typeset by Integra Software Services Pvt. Ltd., Pondicherry, India
Printed and bound in Great Britain by CPI Group (UK) Ltd., Croydon, CR0 4YY

John Murray Learning policy is to use papers that are natural, renewable and recyclable products and made from wood grown in sustainable forests. The logging and manufacturing processes are expected to conform to the environmental regulations of the country of origin.

Carmelite House
50 Victoria Embankment
London EC4Y 0DZ
www.hodder.co.uk
consumer.learning@hodder.co.uk

Contents

Introduction

This Activity Book has been written to supplement and enhance the *Willkommen!* 2 coursebook. It follows closely unit by unit the topics and language points introduced in the coursebook. It offers learners the opportunity to both consolidate and extend their mastery of the language.

The Activity Book has been designed in such a way that it can also be used independently.

The overall pattern of work for each unit includes the following:

Übungen A wide range of activities linked to the unit topics.

Grammatik Grammar points are introduced in a user-friendly way, followed by exercises practising the relevant points.

Mehr Vokabeln Vocabulary extension based around the topics.

Reading Reading passages are linked to the unit themes. They also provide additional insight into the culture and society of Germany, Austria and Switzerland.

Und jetzt Sie. Mein Mini-Projekt This section invites learners to take what they have learned in the unit further and to put their own ideas into a short oral presentation or guided written piece.

Students should find these last two sections both stimulating and challenging.

Testen Sie sich Here students can monitor their progress and check what they have learned.

Key to activities This section provides answers to the activities. Model responses are given for personalised questions.

Here are the English equivalents of the main German instructions to the exercises:

Welches Wort fehlt?	*Which word is missing?*
Setzen Sie ein.	*Fill in (the gaps).*
Korrigieren Sie die falschen Aussagen.	*Correct the false statements.*
Verbinden Sie (die Sätze).	*Match (the sentences).*
Wie heißt es richtig?	*What's correct?*
Welches Wort passt (am besten)?	*Which word fits (best)?*
Welches Wort passt nicht?	*Which word doesn't fit?*
Ordnen Sie die Sätze.	*Put the sentences in the correct order.*
Ergänzen Sie(, bitte).	*(Please) complete.*
Schreiben Sie und sprechen Sie dann.	*Write and then speak.*

1 | Leute, Leute

Teil A

1 Ein Interview

Finden Sie zu jeder Frage (1–8) die richtige Antwort (a–h).

1 Wie heißen Sie, bitte?	**a** Ja, seit 14 Jahren.
2 Kommen Sie denn aus Kanada?	**b** Ja, ich arbeite bei einer Autofirma.
3 Und wo sind Sie geboren?	**c** Ich lerne es seit fünf Jahren.
4 Sind Sie verheiratet?	**d** Mein Name ist Roger LaBœuf.
5 Haben Sie Kinder?	**e** In der Nähe von Detroit, Michigan.
6 Und sind Sie berufstätig?	**f** Ja, ich interessiere mich für alte Bücher.
7 Wie lange lernen Sie Deutsch?	**g** Ja, eine Tochter und zwei Söhne.
8 Haben Sie ein Hobby?	**h** Nein, aus den USA.

2 Welches Fragewort fehlt?

Setzen Sie ein.

> Wo – Wie – Was – Woher – was –
> wann – Wie – Wo – wie – wie – Warum –
> Welche – Wie

a _____ heißen Sie?

b _____ kommen Sie?

c _____ sind Sie aufgewachsen?

d _____ alt sind Sie?

e _____ wohnen Sie jetzt?

f _____ machen Sie beruflich?

g _____ finden Sie Ihre Arbeit / Ihr Studium?

h _____ Sprachen sprechen Sie und _____ gut?

i Seit _____ lernen Sie schon Deutsch?

j Und _____ oft lernen Sie Deutsch?

k _____ lernen Sie Deutsch?

l Und _____ machen Sie gern in Ihrer Freizeit?

Grammatik (1)

Fragen

Nicht vergessen! Es gibt zwei verschiedene Typen von Fragen:

1 Fragen mit einem Fragewort (woher?, was?, wie?, wo? etc.):
Woher kommen Sie?
Was macht Ihr Mann beruflich?

2 Ja-Nein-Fragen:
Bei **Ja-Nein-Fragen** ist das Verb in Position 1. Gibt es mehr als ein Verb, geht das Hilfsverb (**sein/haben** oder zum Beispiel ein Modalverb wie **können**) an den Anfang und das zweite Verb ans Ende:

> **Bist** du schon einmal nach Deutschland **gefahren**?
> **Können** Sie ein bisschen über sich **erzählen**?
>
> **Achtung!**
> Fragen können auch mit **und, aber** oder einer Präposition beginnen:
> **Und** was machen Sie gern in Ihrer Freizeit?
> **Aber** kommen Sie nicht aus Berlin?
> **Seit** wann wohnt er in München?

3 Wie heißen die Fragen?

Hier ist ein Interview mit dem Österreicher Philipp Häfner. Aber was waren die Fragen? Manchmal gibt es mehr als eine Möglichkeit. Benutzen Sie die du-Form.

Beispiel
Ich heiße Philipp. → *Wie heißt du? / Wie ist dein Name, bitte?*

a _____?
   Nein, ich komme nicht aus Berlin, aber ich wohne jetzt in Berlin.

b _____?
   Aufgewachsen bin ich in Salzburg.

c _____?
   Ich spreche fließend Englisch, Französisch und Italienisch.

d _____?
   Ja, ich bin Koch und arbeite in einem Restaurant.

e _____?
   Die Arbeit ist interessant, aber leider muss ich oft sehr viele Stunden arbeiten.

f _____?
   Nein, aber ich habe seit zwei Jahren eine feste Partnerin.

g _____?
   Nein, ich habe keine Kinder.

h _____?
   Ich gehe gern in Konzerte und fotografiere gern.

i _____?
   Ja, ich bin schon mehrmals in London gewesen. Die Stadt hat mir gut gefallen.

4 Persönliche Angaben

Ergänzen Sie.

a Der Ort, wo man geboren ist, ist der
   G e __ __ __ __ __ o __ __ .

b Der Ort, wo man wohnt, ist
   der __ __ __ __ o r t.

c Wenn man nicht verheiratet ist, ist man
   l __ d __ __ .

d Bruder und Schwester sind
   G __ __ __ __ w __ __ __ __ __ .

e Wenn man einen Partner hat, ist man in einer
   B __ z __ __ h __ __ __ .

f Wenn man arbeitet, ist man
   b __ __ __ __ __ t ä t __ __ .

g Wenn man eine Sprache nur ein bisschen kann, hat man __ n __ __ __ g __ __ k __ n-n t __ __ __ __ __ .

h Spricht man eine Sprache ohne große Probleme, spricht man sie
   f l __ __ __ e __ d.

Grammatik (2)

Präpositionen und Fälle

Präpositionen im Deutschen haben einen Fall –
aus, bei, mit, zu, seit brauchen den **Dativ**:
seit ein**em** Monat (m), seit ein**er** Woche (f),
seit ein**em** Jahr (nt), seit **vielen** Jahren (pl).

In, an, auf brauchen den **Akkusativ** mit
Bewegung (von A nach B) und den **Dativ**,
wenn der Fokus auf dem Ort/der Position liegt:
Er geht in **die** Schule. (Akkusativ)
Sie sind in **der** Schule. (Dativ)
Mehr über Präpositionen und Fälle in Kapitel 5.

5 Welche Präposition passt?

Setzen Sie die richtige Präposition ein.

a *in* oder *an?*
Sie studiert _____ der Universität.
Er geht noch _____ die Schule.
b *bei* oder *in?*
Er jobbt _____ einer PR-Firma.
Frau Izmak arbeitet _____ einem Büro.
c *vor* oder *seit?*
Sie sind _____ 10 Jahren nach Berlin
gezogen.
Sie leben _____ 20 Jahren in der Nähe
von Glasgow.
d *mit* oder *von?*
Sie ist _____ Stefan verheiratet.
Er hat sich _____ seiner Partnerin getrennt.
e *nach* oder *in?*
Sie machen dieses Jahr Urlaub _____
Frankreich.
Wollt ihr dieses Jahr wieder _____
Thailand fliegen?
f *bei* oder *zu?*
Gehst du heute Abend _____ deinem
Deutschkurs?
Warst du _____ deinem Kurs?

g *nach* oder *zu?*
Wir gehen jetzt _____ Hause.
Seid ihr heute Abend _____ Hause?

6 Welche Präposition fehlt?

in – als – mit – bei – seit – aus – an – seit

a Meine Tochter geht noch *in* die Schule.
b Er arbeitet _____ einem Jahr.
c Sie jobbt _____ einer amerikanischen Firma.
d Er arbeitet _____ Barkeeper in einem Hotel.
e Ich studiere BWL _____ der Universität
Hannover.
f Kommen Sie beide _____ dem gleichen
Land?
g Sie wohnt _____ ihrer Schwester
zusammen.
h _____ wie vielen Jahren lebt ihr jetzt in
Berlin?

7 Ein kurzes Porträt – Sarah Lefevbre

Sarah Lefebvre lernt Deutsch und hat ein
kurzes Porträt über sich geschrieben. Lesen
Sie den Text (Seite 4). Sind die Aussagen
richtig (R) oder falsch (F)? Korrigieren Sie
die falschen Aussagen.

	R	F
a Sarah hat braune Augen und ist mittelgroß.		
b Sie mag ihre Arbeit als Kindergärtnerin.		
c Sport und Fitness spielen keine große Rolle in ihrem Leben.		
d Sie hat Deutsch schon in der Schule gelernt.		
e Im Sommer will sie für 1–2 Wochen nach Deutschland fahren.		

Mein Name ist Sarah Lefebvre. Ich bin 26 Jahre alt, bin mittelgroß, habe blaue Augen und dunkle Haare. Ich komme aus Frankreich und bin in Paris aufgewachsen.

Ich bin berufstätig und arbeite als Kindergärtnerin in einem Gemeindekindergarten im Norden von Paris. Die Arbeit macht mir sehr viel Spaß. Ich wohne in einer kleinen Wohnung im Stadtteil Passy. Ich bin nicht verheiratet, habe aber seit drei Jahren einen Freund. Ich habe zwei Schwestern und einen Bruder. Meine Schwestern wohnen noch in Paris, aber mein Bruder lebt jetzt in Grenoble, in den Alpen. Er ist dort Skilehrer.

Paris ist eine Weltstadt und man kann hier natürlich sehr viel machen. Ich liebe Paris, vor allem die Geschäfte und vielen Märkte. In meiner Freizeit mache ich gern Sport. Im Winter fahre ich oft Ski und im Sommer spiele ich Fußball. Fitness ist sehr wichtig für mich und ich gehe regelmäßig ins Fitnesscenter.

Deutsch lerne ich seit etwa drei Jahren. Leider habe ich es nicht in der Schule gelernt. Ich gehe einmal pro Woche zu einem Abendkurs und mache außerdem gerne Online-Übungen. Das hilft mir beim Lernen.

Ich bin schon in Österreich und in der Schweiz gewesen und bin dort Ski gelaufen, aber leider war ich noch nie in Deutschland. Mein Plan ist es, nächsten Sommer zwei Wochen oder länger nach Deutschland zu fahren und Berlin, Dresden und München zu besuchen. Bis dahin möchte ich aber noch mein Deutsch verbessern, so dass ich mehr mit den Leuten sprechen kann.

Mehr Vokabeln

Ich komme aus …
einem Dorf
einer Kleinstadt
einer Großstadt

Teil B

Der Alltag

Was gehört zusammen?

treffen – waschen – einkaufen – backen – schreiben/beantworten – ausstellen – putzen – fahren – kochen – staubsaugen – machen – abwaschen – entspannen – aufräumen – hochladen – herunterladen

a den Handywecker: _____

b das Frühstück, Brote: _____

c die Zähne: _____

d zur Arbeit, mit dem Bus: _____

e eine Suppe, Nudeln: _____

f das Geschirr: _____

g im Supermarkt: _____

h den Teppich: _____

i das Zimmer, das Regal: _____

j die Wäsche: _____

k einen Kuchen, Kekse: _____

l Freunde, Kollegen: _____

m eine Textmessage: _____

n eine neue App: _____

o ein Foto auf das soziale Netzwerk: _____

p sich beim Fernsehen: _____

Mehr Vokabeln

bügeln	*to iron*
die Fenster putzen	*to clean the windows*
die Schuhe putzen	*to clean one's shoes*
eine App herunterladen	*to download an app*
ein Foto hochladen	*to upload a photo*

---

2 Was haben Sie gestern alles gemacht?

Schreiben Sie und sprechen Sie dann.

a Wann sind Sie gestern aufgestanden?

_____

b Was haben Sie dann gemacht?

_____

c Haben Sie zu Hause gefrühstückt oder unterwegs etwas geholt?

_____

d Wann haben Sie das Haus verlassen?

_____

e Sind Sie zur Arbeit / zur Uni gefahren oder haben Sie etwas anderes gemacht?

_____

f Wo oder was haben Sie zu Mittag gegessen?

_____

g Haben Sie etwas gekauft?

_____

h Haben Sie etwas gekocht oder gebacken?

_____

i Haben Sie Sport gemacht?

_____

j Waren Sie in den sozialen Netzwerken aktiv?

_____

k Welche Hausarbeiten haben Sie gemacht?

_____

l Wie haben Sie sich entspannt?

_____

Nicht vergessen – Inversion

Im Hauptsatz steht das Verb an Position 2. Gibt es zwei Verben, ist das Hilfsverb (zum Beispiel **haben, sein**) an der zweiten Stelle:

(1)	(2)	
Mittags	war	ich in einem Café.
Dann	habe	ich gefrühstückt.
Ich	bin	gestern um halb neun aufgestanden.

3 Reflexiv und nicht reflexiv

Welche Sätze sind reflexiv (✓), und welche nicht (✗)?

a Sie schminkt sich. (✓)
b Sie schminkt das Kind. (✗)
c Er duscht sich. (___)
d Er duscht den Hund. (___)
e Wir waschen das Auto. (___)
f Wir waschen uns. (___)
g Sie stellen ihre Freunde vor. (___)
h Sie stellen sich vor. (___)
i Hast du dich verletzt? (___)
j Hast du den Gegner verletzt? (___)

4 Wie heißen die Reflexivpronomen im Akkusativ?

Ergänzen Sie.

ich bedanke *mich*	wir bedanken _____
du bedankst _____	ihr bedankt *euch*
Sie bedanken _____	Sie bedanken _____
er/sie/es bedankt _____	sie bedanken _____

Grammatik

Reflexivpronomen und Wortstellung

I Subjekt in Position I
Ist das Subjekt in erster Position, kommt das **Pronomen** nach dem Verb:

(1)	(2)	(RP)	
Sie	duscht	**sich**	morgens.
Er	kann	**sich**	schwer entscheiden.
Iris	hat	**sich**	verliebt.

2 Inversion / Fragen
Bei einer Inversion, folgt das Reflexivpronomen meistens dem Subjekt:

(1)	(2)	(3)	(RP)	
Morgens	duscht	*sie*	**sich**.	
Leider	kann	*er*	**sich**	schlecht entscheiden.

Genauso ist es bei Fragen mit einem Fragewort oder bei Ja-Nein-Fragen:
Wie oft duschst *du* **dich**?
Haben *Sie* **sich** entschieden?

5 Wie heißt es richtig?

Ordnen Sie die folgenden Sätze. Beginnen Sie mit dem Wort, das unterstrichen ist.

Beispiel
mich / muss / bei Ihnen / <u>Ich</u> / entschuldigen → Ich muss mich bei Ihnen entschuldigen.

a <u>Ich</u> / mich / später / wasche / .

b nach meinem Workout / <u>Ich</u> / dusche / immer / mich / .

c hat / gestern / sich / verliebt / <u>Iris</u> / .

d verletzt / dich / <u>Hast</u> / du / ?

e <u>Darf</u> / ich / vorstellen / mich / ?

f bei dir / bedanken / möchte / <u>Ich</u> / mich / .

g müsst / entscheiden / ihr / euch / <u>Wann</u> / ?

h entscheiden / <u>Wir</u> / müssen / uns / bis nächsten Freitag / .

i wir / haben / gut amüsiert / <u>Auf der Feier</u> / uns / .

j entspanne / mich / <u>Am besten</u> / ich / beim Fernsehen / .

Achtung!

Ich wasche **mich**. Aber:

Ich wasche **mir** die Hände.
Ich wasche **mir** das Gesicht.
Ich wasche **mir** die Haare.

Gibt es ein direktes Objekt (zum Beispiel: die Hände), steht das Reflexivpronomen im Dativ (**mir**).

Reflexivpronomen im Dativ sind identisch mit den Reflexivpronomen im Akkusativ außer für **mir/mich** und **dir/dich**.

Hier sind alle Formen im Dativ: ich **mir**, du **dir**, Sie **sich**, er/sie/es **sich**, wir **uns**, ihr **euch**, Sie **sich**, sie **sich**.

Für Reflexivpronomen im Akkusativ, siehe Kursbuch, Seiten 11 und 12.

6 Welche Sätze gehören zusammen?

I Zuerst rasiere ich mich.	a Sie ärgert sich.
2 Das war mein Fehler.	b Wir freuen uns.
3 Du hast mir viel geholfen.	c Ich bedanke mich herzlichst.
4 Ich bin müde und gestresst.	d Jetzt müssen wir uns beeilen.
5 Wir haben eine neue Wohnung gefunden.	e Ich entschuldige mich.
6 Ihr Handy funktioniert nicht.	f Vorher schminkt sie sich.
7 Wir sind spät aufgestanden.	g Ich muss mich entspannen.
8 Sie geht zu einer Party.	h Dann wasche ich mich.

Mehr Vokabeln

Reflexive Verben

sich bewegen	to move
sich konzentrieren	to concentrate
sich langweilen	to be bored
sich setzen	to sit down
sich verspäten	to be late
Wie fühlst du dich?	How do you feel?
Ich fühle mich gut/	I feel good/bad/
schlecht/einigermaßen.	OK.

Teil C

I Weltsprachen

Die meistgesprochenen Sprachen der Welt

Sprache	Anzahl Muttersprachler	Sprecher insgesamt
I Englisch	375 Mio.	1500 Mio.
2 Chinesisch-Mandarin	982 Mio.	1100 Mio.
3 Hindi	460 Mio.	650 Mio.
4 Spanisch	330 Mio.	420 Mio.
5 Französisch	79 Mio.	370 Mio.
6 Arabisch	206 Mio.	300 Mio.
7 Russisch	165 Mio.	275 Mio.
8 Portugiesisch	216 Mio.	235 Mio.
9 Bengalisch / Bengali	215 Mio.	233 Mio.
10 Deutsch	105 Mio	185 Mio.
11 Japanisch	127 Mio.	128 Mio.
12 Koreanisch	78 Mio.	78 Mio.

Richtig oder falsch? Korrigieren Sie die falschen Aussagen.

a Englisch hat die meisten Muttersprachler.

b Insgesamt sprechen mehr Menschen Hindi als Spanisch.

c Mehr Menschen können Arabisch als Russisch.

d Es gibt mehr französische als deutsche Muttersprachler.

e Insgesamt sprechen mehr Menschen Japanisch als Deutsch.

2 Die deutsche Sprache

Lesen Sie den Text (Seite 8) und beantworten Sie die Fragen.

a Wie viele deutsche Muttersprachler gibt es?

b Wo spricht man Deutsch?

c Wie heißt die deutsche Standardsprache und wo spricht man sie besonders gut?

d Was ist besonders an den Nomen im Deutschen?

e Welche anderen Merkmale gibt es?

f In welchem Land gibt es die meisten Deutschlerner und wie viele Lerner gibt es insgesamt?

g Warum ist Deutsch als Businesssprache so wichtig?

h Wie heißt das Kulturinstitut von Deutschland?

Die deutsche Sprache

Baden-Württemberg
Wir können alles. Außer Hochdeutsch.

Deutsch ist eine germanische Sprache und ist zum Beispiel mit Englisch und Schwedisch verwandt. Man spricht Deutsch nicht nur in Deutschland, sondern auch in Österreich, in der Schweiz, in Südtirol (Italien), in Luxemburg und in Ostbelgien. Insgesamt gibt es etwa 105 Millionen Menschen, die Deutsch als Muttersprache sprechen.

Die Standardsprache heißt Hochdeutsch, aber es gibt auch sehr viele Dialekte, vor allem in Süddeutschland und in der Schweiz, das sogenannte Schwyzerdütsch. Man sagt oft, dass man das beste Hochdeutsch in der Gegend um Hannover spricht.

Merkmale von der deutschen Sprache sind, dass man zwei oder mehr Nomen oft zusammenschreibt und dass es drei Geschlechter und vier Fälle gibt. Die Sprache hat aber auch viele Regeln, wie zum Beispiel für die Wortstellung, die beim Lernen helfen. Viele Lerner meinen, dass die Aussprache und Rechtschreibung (Orthografie) nicht so schwer sind, obwohl man nicht vergessen darf, dass alle Nomen mit einem Großbuchstaben beginnen.

Deutsch als Fremdsprache (DaF), *German as a foreign language*, ist sehr beliebt: Weltweit lernen mehr als 14 Millionen Menschen Deutsch. Mit über zwei Millionen gibt es die meisten Deutschlerner in Polen. In China hat sich die Zahl der Deutschlerner in den letzten fünf Jahren verdoppelt.

Viele Menschen lernen Deutsch aus beruflichen Gründen: Deutschland ist das zweitgrößte Exportland der Welt und viele globale Firmen haben hier ihren Hauptsitz. Außerdem ist Deutsch eine wichtige Businesssprache in Zentral- und Osteuropa. Daneben wollen viele Leute in Deutschland studieren oder interessieren sich für die deutschsprachige Kultur und Geschichte. Auch als Reiseländer sind Deutschland, Österreich und die Schweiz sehr beliebt.

Das *Goethe-Institut* ist das offizielle Kulturinstitut der Bundesrepublik Deutschland. Es fördert die deutsche Kultur und Sprache und hat Vertretungen in über 90 Ländern. Das *Österreichische Kulturforum* und *Pro Helvetia* sind die Kulturinstitute von Österreich und der Schweiz.

> **Vokabeln**
>
> | | |
> |---|---|
> | verwandt mit | *related to* |
> | der Dialekt (-e) | *dialect* |
> | das Merkmal (-e) | *characteristic* |
> | das Geschlecht (-er) | *gender* |
> | die Aussprache (-n) | *pronunciation* |
> | der Hauptsitz (-e) | *headquarters, head office* |
> | fördern | *to promote, to support* |
> | die Vertretung (-en) | *representation* |

3 Vokabeln rund um Sprachen

Ergänzen Sie.

a Englisch, Mandarin und Spanisch sind W _ _ _ s p _ _ _ _ _ _ .

b Die Sprache, die man als Kind lernt, ist die _ _ t t _ _ _ _ _ _ _ _ _ _ .

c Eine neue Sprache ist eine F r _ _ _ _ _ _ _ _ _ e.

d Variationen in einer Sprachen sind D _ _ l _ _ _ e.

e Die Sprache, die keine regionalen oder sozialen Besonderheiten hat, ist die
   S t _ _ _ _ _ _ _ r _ _ _ _ .

f Nominativ, Akkusativ, Dativ, Genitiv: die vier F ä _ _ _ .

g Wie man Wörter richtig schreibt: die R _ _ _ _ s c h r _ _ _ _ _ _ _ .

h DaF bedeutet: _ _ _ _ _ _ _ a _ s F r _ _ _ _ _ _ _ _ _ _ .

i Das Goethe-Institut ist das deutsche K _ _ t _ _ i n _ _ _ _ _ _ .

Grammatik

Konjunktionen und Komma

Ein Komma steht vor allen *unterordnenden Konjunktionen* wie **dass, weil, obwohl** etc. Ein Komma steht auch vor den *nebenordnenden Konjunktionen* **aber, sondern, denn**:

Ich glaube, dass sie Monika heißt.
Lena hat in Madrid gelebt, aber sie spricht kaum Spanisch.

Kein (!) Komma gibt es meistens vor **oder, und**:

Möchtest du ein Wasser oder ein Bier?

Ich komme aus Deutschland und bin in Berlin aufgewachsen.

Nicht vergessen: Das Verb in einem Hauptsatz steht in Position 2 nach **aber, und, oder, sondern, denn**:

	(0)	(1)	(2)	
Ich spreche Englisch	und	ich	lerne	jetzt auch Französisch.
Ihr Mann ist Schotte,	aber	sie	kommt	aus den USA.

4 Üben Sie

Verbinden Sie die Sätze mit *und, aber, oder, sondern* oder *denn*. Manchmal gibt es mehr als eine Möglichkeit. Denken Sie auch an die Kommaregeln.

Beispiel
Elena kommt aus Stuttgart. Sie lebt jetzt in Genf. →
Elena kommt aus Stuttgart, aber sie lebt jetzt in Genf.

a Ich bin verheiratet. Wir haben ein Kind.

b Ich dusche mich. Dann frühstücke ich.

c Sie isst mittags nicht in der Kantine. Sie isst in einem Café.

d Wir kommen heute Abend nicht mit. Wir sind zu müde.

e Machst du einen Onlinekurs? Gehst du zu einer Klasse?

f Er muss sein Englisch verbessern. Er hat im Herbst ein Seminar in Dublin.

g Die Standardsprache heißt Hochdeutsch. Es gibt auch sehr viele Dialekte.

5 Was passt besser – *weil* oder *obwohl*?

a Ilan lernt Deutsch, _____ er deutsche Vorfahren hat.

b Julia verbessert ihr Deutsch, _____ die Grammatik nicht leicht ist.

c Caroline findet Deutsch nützlich, _____ viele Meetings auf Englisch sind.

d Sie lernt Deutsch, _____ sie sich für deutsche Kultur und Geschichte interessiert.

e Shahzad fährt oft nach Frankfurt, _____ er dort Freunde hat.

6 Und jetzt Sie. Seien Sie kreativ

Ergänzen Sie die Sätze.

Beispiel
Ich lerne Deutsch, weil _____. →

Ich lerne Deutsch, *weil ich Fremdsprachen mag und oft nach Deutschland fahre.*

a Ich lerne Deutsch, weil _____.

b Ich finde Deutsch interessant, obwohl _____.

c Ich denke, dass Deutsch eine wichtige Sprache ist, weil _____.

d Ich bin heute ein bisschen müde, weil _____.

e Entschuldigung, ich habe mich verspätet, weil _____.

f Ich kann am Wochenende leider nicht zur Party kommen, weil _____.

g Ich mache gern / nicht gern Sport, weil _____.

h Ich freue mich, weil _____.

Und jetzt Sie. Mein Mini-Projekt

Meine Muttersprache

Sie machen einen Sprachkurs in Frankfurt und sollen über Ihre Muttersprache sprechen. Die folgenden Redemittel können Ihnen helfen (siehe auch Text: *Die deutsche Sprache,* Seite 8):

Meine Muttersprache ist Englisch/Spanisch etc.
Englisch/Spanisch etc. spricht man in …
Insgesamt sprechen etwa … als Muttersprache.

Englisch/Spanisch etc. ist eine germanische/
romanische/slawische etc. Sprache.
Die Standardsprache heißt …
Es gibt viele / nicht so viele regionale Dialekte …
Besondere Merkmale von Englisch/Spanisch etc.
sind …
Ich glaube, dass die Aussprache …
Die Rechtschreibung ist …
Viele / Nicht so viele Menschen lernen Englisch/
Spanisch etc. als Fremdsprache, weil …
Das Kulturinstitut …
Ich mag an meiner Sprache, dass sie …

Ich denke, dass Englisch/Spanisch etc. schwer/
nicht so schwer zu lernen ist, weil/obwohl …

Welche anderen Aspekte finden Sie noch
wichtig?

Benutzen Sie dann Ihre Notizen und
sprechen Sie für mindestens eine Minute.

Testen Sie sich

Am Ende von jedem Kapitel können Sie testen,
was Sie gelernt haben. Es gibt immer 30 Punkte.

I Welche Präpositionen fehlen?

Ein ½ Punkt für jede Antwort.

a Ich komme _____ Berlin, aber wohne jetzt _____ zwei Jahren _____ Stuttgart.

b Ich fahre jetzt _____ Hause und bin dann in 30 Minuten _____ Hause.   _____ / 2.5

2 Wie heißen die Fragen?

Benutzen Sie die Sie-Form.

a Ich bin in Manchester aufgewachsen.

b Nein, ich bin noch nie in Österreich gewesen.   _____ / 4

3 Was passt?

Ein ½ Punkt für jeden richtigen Tick.

	Essen	Geschirr	Wohnung	Freunde
abwaschen				
aufräumen				
saubermachen				
treffen				
kochen	✓			

_____ / 2.5

4 Ergänzen Sie

Ich wasche mich. – Wann wäschst du _____?

Er bedankt sich. – Wann bedanken Sie _____?

Wir beeilen uns. – Ihr müsst _____ beeilen.   _____ / 3

5 Komma oder kein Komma?

   a Ich denke dass er noch viel lernen kann.

   b Manchmal koche ich oder mache Brote.

   c Fremdsprachen sind wichtig weil man etwas über andere Kulturen lernt.   ___ / 3

6 Konjunktionen

Ordnen Sie zu.

und, dass, weil, aber, obwohl, wenn, sondern, denn, als, oder

Nebenordnende Konjunktionen	Unterordnende Konjunktionen
und,	dass,

   ___ / 4

7 Ordnen Sie die Sätze.

Beispiel: Ich denke, dass *noch viel / lernen / er / kann* →

Ich denke, dass *er noch viel lernen kann.*

   a Sie wohnt noch in München, obwohl *die Stadt / mag / sie / nicht / .*

   b Viele Leute lernen Deutsch, weil *ist / das zweitgrößte Exportland / Deutschland / .*

   c Ich höre immer Musik, wenn *mein Zimmer / ich / aufräume / .*

   d Ich glaube, dass *ein Praktikum / letzten Sommer / hat / gemacht / er / .*   ___ / 4

8 Und zum Schluss: Wissen und Kultur

   a Deutsch spricht man vor allem in Deutschland, in _____ und der _____.

   b Die Standardsprache heißt _____.

   c Merkmale der deutschen Sprache sind die vier _____ und drei _____.

   d Etwa 14 Millionen Menschen weltweit lernen Deutsch als _____.

   e Das deutsche Kulturinstitut ist das _____.   ___ / 7

Gesamt
_____ / 30

Auswertung: 25–30 Punkte: Großartig. Fangen Sie schnell mit Kapitel 2 an. 17–24 Punkte: Sehr gut. Wiederholen Sie noch einmal die Punkte, die Sie nicht verstanden haben. 16 Punkte und weniger: Gut gemacht. Wir würden aber vorschlagen, dass Sie dieses Kapitel noch einmal gründlich wiederholen.

2 | Schule, Ausbildung, Studium

Teil A

1 Was war das Lieblingsfach?

Ergänzen Sie.

Beispiel
Für Zahlen und logisches Denken habe ich mich schon immer interessiert. Außerdem löse ich gern Probleme. – *M a t h e m a t i k*

a In den Ballsportarten wie Volleyball, Handball und Fußball war ich immer gut. Aber auch Turnen hat mir Spaß gemacht. – __ p __ __ t

b Ich spiele Gitarre, seit ich sechs Jahre alt war. Wir hatten einen tollen Schulchor und haben sogar im Theater gesungen. –
__ __ s __ __

c Sehen wie ein Computer funktioniert und ein eigenes Programm schreiben – das war das Beste in der Schule! –
I n __ __ __ m __ t __ __

d Leute wie Andy Warhol, Damien Hirst oder Gerhard Richter haben mich schon fasziniert, als ich ein Kind war. – __ __ __ __ t

e Grammatikregeln finde ich spannend und ich habe immer gern gelesen und schon in der Schule eigene Texte geschrieben. –
D __ __ t __ __ __

f Praktische Arbeiten mochte ich in der Schule am meisten und ich habe gern mit Holz und Metall gearbeitet. –
W __ __ r k __ __ n / T __ __ __ __ __ __

g Die Stunden im Labor waren am besten, wo wir experimentiert haben und zum Beispiel Wasserstoff hergestellt haben. –
__ __ __ __ i e

2 Sind Sie gern in die Schule gegangen?

Ordnen Sie die Sätze.

Beispiel
Timo hat die Schule Spaß gemacht, obwohl *er / war / kein besonders guter / Schüler* →
Timo hat die Schule Spaß gemacht, *obwohl er kein besonders guter Schüler war.*

a Er glaubt, dass *heute / mehr Druck / haben / die jungen Leute / .*

_____

b Daniela ist gern in die Grundschule gegangen, weil *hatte / sie / sehr viel Freiheit / .*

_____

c Die weiterführende Schule hat ihr nicht gefallen, weil *sie / musste / machen / viele Hausaufgaben / .*

_____

d Dennis war froh, als *war / die Schulzeit / vorbei / .*

_____

e Er hat sich gefreut, dass *eine Gärtnerlehre / er / gleich / konnte / anfangen / .*

_____

f Inge durfte in der Schule nur sprechen, wenn *die Lehrer / sie / haben / gefragt / .*

_____

g Sie meint, dass *waren / anders / die Zeiten / .*

_____

Grammatik (1)

Modalverben im Präteritum

Im Deutschen benutzt man die Modalverben **dürfen, können, müssen, sollen** und **wollen** meistens im Präteritum (*past simple*), wenn man über die Vergangenheit spricht:

Ich **konnte** gestern nicht kommen.
Sie **musste** viele Hausaufgaben machen.

Lerntipps

1 Die Endungen für die Modalverben im Präteritum sind wie folgt:

ich	-te	konnte	wir	-ten	konnten
du	-test	konntest	ihr	-tet	konntet
Sie	-ten	konnten	Sie	-ten	konnten
er/sie/es	-te	konnte	sie	-ten	konnten

2 Im Präteritum verlieren **dürfen, können, müssen** ihren Umlaut: **durften, konnten, mussten**.
3 *Was/were not allowed to* entspricht auf Deutsch einer Konstruktion mit **durften**:

Er **durfte nicht** zur Party kommen.
Bis 1918 **durften** Frauen in Deutschland **nicht** wählen.

Einen Überblick über alle Modalverben im Präteritum finden Sie im Kursbuch, Seite 28.

3 Wie heißen die Endungen?

a Er konn__ nicht kommen, weil er arbeiten muss__.
b Was? Soll__ ihr nicht um 10 Uhr im Bett sein?
c Ich konn__ sehr gut schwimmen, als ich im Schwimmverein war.
d Was woll__ du als Kind werden?
e Zuerst woll__ ich Busfahrer werden, später woll__ ich Fußballprofi werden.
f Als Kind muss__ Hanna ihren Eltern oft beim Einkaufen helfen.

g Im Urlaub konn__ wir viel Englisch sprechen.
h Betty und Alex durf__ gestern nicht lange aufbleiben.
i Woll__ Sie letztes Wochenende nicht ins Fitnesscenter gehen?
j Ich woll__, aber ich konn__ leider nicht.
k Das Smartphone soll__ 600 € kosten, aber so viel woll__ ich nicht ausgeben.

4 Und jetzt Sie.

Wie war es, als Sie ein Kind waren?

Schreiben Sie und sprechen Sie dann.

a Konnten Sie als Kind gut malen?
_____

b Konnten Sie gut Skateboard fahren?
_____

c Was konnten Sie als Kind gut? Was konnten Sie nicht gut?
_____

d Mussten Sie Ihren Eltern bei den Hausarbeiten helfen?
_____

e Durften Sie viel fernsehen oder soziale Medien benutzen?
_____

f Wann mussten Sie wochentags normalerweise ins Bett gehen?
_____

g Durften Sie am Wochenende länger aufbleiben?
_____

h Wissen Sie noch, was Sie als Kind werden wollten?
_____

Grammatik (2)

Perfekt und Präteritum

Nicht vergessen – Auch im *gesprochenen* Deutsch benutzt man für einige Verben das Präteritum. Dazu gehören die **Modalverben, haben** und **sein**, aber auch **geben** oder **wissen**:

Es **gab** viel zu essen. Das **wusste** ich nicht.

Mehr über das Präteritum in Kapitel 4.

5 Simone: Meine Schulzeit

Simone berichtet über ihre Schulzeit. Setzen Sie die Verben ins Perfekt oder Präteritum.

Beispiel

Ich *bin* mit 6 Jahren in die Schule *gegangen*. (gehen) In der Grundschule *hatten* wir eine sehr nette Klassenlehrerin. (haben)

a Meine Lieblingsfächer _____ zu dieser Zeit Musik und Erdkunde. (sein)

b Mit meinen besten Freundinnen _____ ich nach der 4. Klasse auf eine weiterführende Schule _____. (wechseln)

c Am meisten _____ ich mich dann für Englisch und Physik _____. (interessieren)

d Nach der 10. Klasse _____ einige von meinen Mitschülern eine Lehre _____. (anfangen)

e Ich _____ aber weiter in der Schule _____, weil ich mein Abitur machen _____. (bleiben / wollen)

f In der Oberstufe _____ ich einige von meinen Fächern selber wählen. (können)

g Es _____ auch interessante AGs, zum Beispiel Theater und Elektronik. (geben)

h Ich glaube, dass ich insgesamt eine sehr schöne Schulzeit _____. (haben)

i Ich _____ aber auch froh, als die Schule vorbei _____, und ich etwas Neues anfangen _____. (sein / sein / können)

6 Und jetzt Sie

Waren Ihre Erfahrungen ähnlich oder anders als die von Simone? Schreiben Sie einen kurzen Text und benutzen Sie die Strukturen und Redewendungen von Übung 5.

Mehr Vokabeln	
Schule	
die AG (-en/-s) (Arbeitsgemeinschaft)	*after school club*
der Klassenlehrer (-) / die Klassenlehrerin (-nen)	*class / form teacher*
die Oberstufe (-n)	*sixth form*

Teil B

1 Das deutsche Bildungssystem

Was gehört zusammen?

1 Erst mit sechs Jahren müssen Kinder	a auf eine andere Schule.
2 Nach vier Jahren Grundschule wechseln sie	b zur Uni und arbeitet auch.
3 In der Gesamtschule findet man	c die Berufsschule besuchen.
4 Der Hauptschulabschluss ist	d meistens zwei Semester.
5 Neben der Lehre muss man	e drei Schultypen unter einem Dach.
6 Das Studienjahr an der Uni hat	f das Studium kostenlos.
7 Bei einem dualen Studium geht man	g zur Schule gehen.
8 An einer staatlichen Uni ist	h beruflich orientiert.

2 Welches Wort passt nicht?

a Abschlüsse: *Hauptschulabschluss, mittlere Reife, Abitur, öffentlicher Dienst*

b Schultypen: *Hauptschule, Kindergarten, Realschule, Gymnasium*

c Schule: *Hausaufgaben, Lehrer, Noten, Studiengebühren*

d Studium: *Hochschule, Firma, Universität, Bachelorkurs*

e Uni-Leben: *mittlere Reife, Wintersemester, Studienjahr, Masterstudium*

f Berufe: *Friseur/in, Koch/Köchin, Student/in, Kfz-Mechatroniker/in*

g Berufsausbildung: *Berufsschule, Realschule, duales System, Lehre*

h Arbeitsmöglichkeiten: *Handwerk, Industrie, öffentlicher Dienst, Studienjahr*

Grammatik

Rechtschreibung – Nomen

Im Deutschen gibt es mehr **zusammengesetzte Nomen** (*compound nouns*) als zum Beispiel in Englisch:

Englischlehrer   *English teacher*
Fremdsprache   *foreign language*
Mitschüler   *fellow pupil*

Dazu gehören die folgenden Kombinationen:

Nomen + Nomen	**Adjektiv + Nomen**	**Präposition + Nomen**
Englisch + Lehrer →	fremd + Sprache →	mit + Schüler →
Englischlehrer	Fremdsprache	Mitschüler

Wichtig ist: Im Deutschen schreibt man diese Kombinationen *zusammen*, als *ein* Wort.

3 Bilden Sie Nomen zum Thema Schule, Ausbildung, Studium

Bachelor – Wirt – Winter – Haus – Mit
– Schul – Sommer – Recht – Master –
Gesamt – Kinder – Hoch – Hand – Studien

a *Haus*aufgabe

b _____semester

c _____semester

d _____studium

e _____garten

f _____schreibung

g _____gebühr

h _____studium

i _____schule

j _____schule

k _____werk

l _____schaft

m _____schüler

n _____zeit

4 Die duale Ausbildung

Lesen Sie den folgenden Artikel. Sind die Aussagen richtig (R) oder falsch (F)? Korrigieren Sie die falschen Aussagen.

	R	F
a Carsten gefällt seine Lehre nicht.		

b Er arbeitet 1–2 Tage in der Firma und geht 3–4 Tage in die Berufsschule.

c In der Berufsschule lernt er vor allem Chemie, Mathe und Technik.

d Sein Chef denkt negativ über die duale Ausbildung.

e Insgesamt gibt es fast 350 Ausbildungsberufe.

f Carsten möchte nach der Lehre bei einer anderen Firma arbeiten.

Das duale System oder die duale Ausbildung hat eine lange Geschichte. Doch wie funktioniert es in der Praxis? Unsere Reporterin, Linda Hesse, hat einen Azubi und seinen Chef besucht.

„Es läuft super", sagt Carsten Trostmann und wischt sich die schmutzigen Hände ab. „Ich bin jetzt seit zwei Jahren hier in der Firma und mache eine Lehre zum Maler und Lackierer. Es macht totalen Spaß." Auch sein Chef, Frank Weigold ist begeistert. „Carsten hat Talent und macht seine Sache wirklich gut," sagt der 45-Jährige über seinen Azubi.

Carsten arbeitet 3–4 Tage pro Woche in Weigolds Betrieb, 1–2 Tage geht er zur Berufsschule. Dort hat er Fächer wie Chemie, Mathe und Technik und lernt beispielsweise, welche Materialien man benutzen kann und wie die chemischen Prozesse ablaufen. Aber er hat auch Deutsch und Englisch. „Unser Beruf ist sehr komplex, darum ist es wichtig, eine gute Ausbildung zu haben," sagt Weigold und erklärt: „In der Berufsschule lernt er die Theorie und bei uns die Praxis – das ist ideal."

Diese Kombination von Theorie und Praxis, Schule und Betrieb – das ist das Besondere an der dualen Ausbildung in Deutschland. Das System existiert schon seit mehreren Jahrzehnten und es gibt mittlerweile fast 350 Ausbildungsberufe – vom Animateur bis zum Zahntechniker. Kein Wunder, dass jetzt auch andere Länder versuchen, eine ähnliche Struktur aufzubauen. Doch es braucht Zeit und guten Willen von allen Seiten.

Zurück bei der Firma Weigold. Carsten Trostmann braucht noch ein Jahr, bis seine Ausbildung zu Ende ist. Und dann? „Ich würde sehr gern hier bleiben", sagt er. Und sein Chef? Der lächelt. „Klar", sagt er dann. „Wenn Carsten so weitermacht, ist das überhaupt kein Problem. Wir übernehmen ihn sehr gern."

Vokabeln

der / die Azubi (-s)	*trainee*
ab|wischen	*to wipe (off), to clean*
schmutzig	*dirty*
der Maler (-) /	*painter, decorator*
die Malerin (-nen)	
der Lackierer (-) /	*painter, varnisher*
die Lackiererin (-nen)	
der Betrieb (-e)	*business, firm*
ab|laufen	*here: to work*
übernehmen	*here: to take on, to employ*

5 Zusammenfassung

Ergänzen Sie die Zusammenfassung mit einem passenden Wort aus dem Text.

Die duale Ausbildung gibt es schon seit mehreren 1 _____ . Für viele ist es die ideale Verbindung zwischen Praxis und 2 _____ . Das Besondere ist, dass Azubis in einem 3 _____ arbeiten, aber gleichzeitig auch zur 4 _____ gehen, meistens 5 _____ bis 6 _____ Tage pro Woche. Das garantiert, dass die 7 _____ sehr gut ist, was wichtig ist, weil viele Berufe heute sehr 8 _____ sind. Viele Azubis bleiben nach der Lehre bei ihrer Firma, das heißt, die Betriebe 9 _____ sie.

Mehr Vokabeln

Man kann die folgenden Ausdrücke benutzen: die duale Ausbildung, das duale System oder das duale Ausbildungssystem.

Teil C

1 Was ist anders? Schule und Universität

Schule	Universität
1 Schüler/in	a der Bachelor
2 Mitschüler/in	b Student/in
3 die Klasse	c die Mensa
4 Lehrer/in	d die Bibliothek
5 die Kantine	e Kommilitone/in
6 die Bücherei	f Dozent/in
7 die Klassenarbeit	g das Semester
8 das Abitur	h das Seminar
9 das Schulhalbjahr	I die Klausur

Vokabeltipp

Vorsicht! Man benuzt –
für die Schule: **Schüler/in + lernen**
für die Universität: **Student/in + studieren**

2 Vokabeln - Universität

Ergänzen Sie die Sätze mit einem passenden Uni-Wort aus Übung 1.

a Es gab 40 Studenten – das *Seminar* war überfüllt.

b Ich muss noch in die _____ und einige Bücher ausleihen.

c Das Essen in der _____ ist nicht zu teuer und relativ gut.

d Meine _____ im Englischkurs kommt aus Glasgow.

e Nächstes _____ werde ich mehr studieren.

f Ich weiß nicht, ob ich meine _____ bestanden habe. Sie war ganz schön schwer.

g Mein _____-Kurs dauert drei Jahre.

c Welche Studenten glauben, dass sie besonders gute Berufschancen haben?

d Welche Studenten sind weniger optimistisch?

e Was machen – nach Waltraud Meinicke – die Universitäten heute?

3 Was nach dem Studium kommt

Lesen Sie den Text und beantworten Sie die Fragen.

a Was glauben 80% und 8% der Studenten?

b Was denken die meisten Studenten über die Digitalisierung?

Vokabeln	
der Teilnehmer (-) / die Teilnehmerin (-nen)	participant
bewerten	here: to rate
der Unterschied (-e)	difference
das Zukunftsbild (-er)	view of the future
wirtschaftlich	economic

Studenten sehen ihre Zukunft positiv

Nach einer aktuellen Studie der Agentur *Campusjäger* sehen Studenten die Zukunft positiv. Fast 80% der Studenten glauben, dass sie gute bis sehr gute Chancen auf dem Arbeitsmarkt haben werden. Nur 8% meinen, dass ihre Chancen schlecht stehen.

Viele Studenten denken auch, dass sich die Arbeitswelt wegen der Digitalisierung in der Zukunft stark ändern wird. Die meisten, 65% der Teilnehmer, sehen das aber als Chance. Der Rest denkt, dass die Digitalisierung mehr Risiken als Vorteile hat.

Es gibt aber auch Unterschiede zwischen verschiedenen Studienfächern. Am höchsten bewerten Ingenieurstudenten und Mediziner ihre Chancen, einen guten Job zu finden. Wirtschaftswissenschaftler liegen im Mittelfeld, während Jurastudenten oder Soziologen skeptischer sind, was ihre berufliche Zukunft angeht.

Waltraud Meinicke vom Studentenportal *Uni-Mag* ist nicht überrascht über die Studie. „Die heutige Studentengeneration ist mit Laptop und Smartphone aufgewachsen. Digitale Medien gehören zum Alltag – Digitalisierung ist etwas ganz Normales." Meinicke freut, dass so viele Studenten ein optimistisches Zukunftsbild haben. „Das zeigt, dass die allgemeine wirtschaftliche Lage im Moment gut ist. Außerdem sieht man, dass die Unis die Studenten heute besser auf das Berufsleben vorbereiten."

Grammatik (1)

Die Zukunft – Zeitausdrücke

Nicht vergessen – im Deutschen benutzt man meistens das *Präsens*, wenn man über die Zukunft spricht, besonders, wenn bestimmte Wörter und Ausdrücke auf die Zukunft verweisen. Dazu gehören:

morgen	*tomorrow*	heute Nachmittag	*this afternoon*
übermorgen	*the day after tomorrow*	diese Nacht	*tonight*
bald	*soon*	dieses Wochenende	*this weekend*
nachher	*afterward(s)*	nächste Woche	*next week*
später	*later*	in 14 Tagen	*in a fortnight*
in zehn Minuten	*in ten minutes*	in zwei Monaten	*in two months*
demnächst	*shortly, in the near future*	kommendes Jahr	*next year, (the) coming year*
heute Abend	*this evening*	in der Zukunft	*in the future*

4 Sagen Sie es anders – Zeitausdrücke

Finden Sie ein Wort mit der gleichen Bedeutung.

a in zwei Tagen: _____

b der Monat nach Oktober: _____

c heute um 18 Uhr: heute _____

d in 14 Tagen: in zwei _____

e es dauert nicht mehr lange: _____

f im Juni, Juli, August: im _____

g am Samstag, am Sonntag: am _____

h nächstes Jahr: _____ Jahr

5 Es geht auch einfacher

Jennifer und Philipp erzählen ihren Kommilitonen, was sie in der nächsten Zeit machen werden. Beide benutzen das Futur mit **werden**. Sagen Sie es einfacher und schreiben Sie die Sätze ins Präsens um.

Beispiel
Nächste Woche werde ich einen Sommerferienjob suchen. → Nächste Woche suche ich einen Sommerferienjob.

a Morgen werden wir unsere Eltern besuchen.
_____

b Demnächst werden wir die Wohnung renovieren lassen.
_____

c Ich werde bald mit meinem Englischkurs anfangen.
_____

d Im Oktober werden wir nach England fahren.
_____

e Im September wird uns Yann besuchen.
_____

f In zwei Wochen werde ich meinen Job als Bedienung anfangen.
_____

g Am Wochenende werden wir zum Windsurfen gehen.
_____

h Übrigens, das Abendessen wird gleich fertig sein!
_____

Grammatik (2)

Die Zukunft mit *werden* (Futur I)

Die Zukunftsform mit **werden** heißt auch *Futur I*. Man benutzt *Futur I* meistens für die folgenden Situationen:

1 **Wenn man etwas hervorheben möchte** (*to emphasise a point*):
   Das Festival wird im September stattfinden.

2 **Um eine Absicht auszudrücken** (*to express an intention*):
   Ich werde morgen mein Zimmer aufräumen.

3 **Wenn es um Vermutungen geht** (*predictions, probabilities*):
   Er wird wohl einen Master machen.

Nicht vergessen: Trennbare Verben schreibt man zusammen!

Etwas nuancieren – Adverbien

Wenn man eine Vermutung oder Absicht nuancieren möchte, benutzt man oft Wörter (Adverbien) wie **wohl** / **wahrscheinlich** (*probably*) oder **bestimmt** (*certainly*):

Maria wird **wohl** Germanistik studieren.

Ich werde **wahrscheinlich** später kommen.

Das wird **bestimmt** viel kosten.

In einem *Hauptsatz* stehen Adverbien meistens direkt nach **werden** (siehe 3 oben). Im *Nebensatz* folgen sie dem Subjekt:

Ich denke, dass **er wohl** einen Master machen wird.

6 Wie heißt es richtig?

Werden ist ein unregelmäßiges Verb. Ergänzen Sie.

ich **werde**	wir w_____
du w_____	ihr w_____
Sie w_____	Sie w_____
er/sie/es _____	sie w_____

7 Sagen Sie es nuancierter

Beantworten Sie die Fragen. Benutzen Sie **werden** und die Adverbien in den Klammern. Schreiben Sie und sprechen Sie dann.

Beispiel
Kommt Daniel noch? (bestimmt) →
Ja, er wird bestimmt noch kommen.

a Regnet es morgen? (bestimmt)
   Ja, es wird _____ .

b Macht Daniya einen Master? (wohl)
   Ja, sie wird _____ .

c Gehst du für ein Semester nach Frankreich? (wohl)
   Ja, ich _____ .

d Heiraten Katja und Stefan im September? (wohl)
   Ja, sie _____ .

e Kommt Christof noch? (wahrscheinlich)
   Ja, er _____ .

f Kaufst du ein neues Tablet? (wahrscheinlich)

Ja, ich _____ .

g Geht ihr heute Abend ins Kino? (wahrscheinlich)

Ja, wir _____ .

h Gibt es noch Karten unter 10 Euro? (bestimmt)

Ja, es _____ .

i Fährst du zur Konferenz nach Berlin? (bestimmt)

Ja, ich _____ .

j Findet die Party am Freitag statt? (bestimmt)

Ja, sie _____ .

k Machst du deinen Sprachkurs weiter? (bestimmt)

Ja, ich _____ .

Mehr Vokabeln

Universität

das Hauptfach (-¨er)	*main subject, major*
das Nebenfach (-¨er)	*minor (subject)*
die Semesterferien (pl)	*holidays*
einen Kurs belegen	*to take a course*
durch eine Prüfung fallen	*to fail an exam*

💬 Und jetzt Sie. Mein Mini-Projekt

Tipps fürs Studium

Linda, die Tochter von Ihrem deutschen Freund Rainer, möchte ein Auslandssemester in Ihrem Land (oder in einem Land, das Sie gut kennen) machen. Linda möchte Folgendes wissen:

Gibt es viele Unis? Welche ist die bekannteste? Welche Universität ist am ältesten?

Gibt es Bachelor- und Masterkurse wie in Deutschland?

Was sind die beliebtesten Studienfächer?

Müssen Studenten Studiengebühren bezahlen?

Haben Sie selber in Ihrem Land studiert oder kennen Sie jemanden, der dort studiert hat? Welche Stadt / Welche Uni können Sie empfehlen und warum?

Schreiben Sie eine E-Mail an Linda. Die folgenden Redemittel können Ihnen helfen. Schreiben Sie mehr, wenn Sie möchten.

Hallo Linda,

ich hoffe, es geht dir gut. Du möchtest etwas über das Unisystem in … wissen?
Wir haben hier viele / nicht so viele Universitäten.
Die bekannteste Uni ist … / Die bekanntesten Unis sind (wahrscheinlich) …
Unser System ist ähnlich wie / ganz anders als in Deutschland. Hier gibt es (auch) …
Beliebte Studienfächer sind …
Was Studiengebühren angeht, so …
Ich selber habe nicht / habe auch hier studiert …
Als Studienstadt kann ich dir … empfehlen, weil …
Ich hoffe, dass ich dir helfen konnte.
Mit vielen Grüßen …

Testen Sie sich

Am Ende von jedem Kapitel können Sie testen, was Sie gelernt haben. Es gibt immer 30 Punkte.

---

1 Wie heißen die Verben im Präteritum?

Ein Punkt für jede richtige Antwort.

a Was _____ du als Kind wirklich gut? – Ich _____ sehr gut singen. (können / können)

b Wann _____ Sie normalerweise ins Bett? – Ich _____ meistens bis 10 Uhr aufbleiben. (müssen / dürfen)

c _____ Sonja nicht ein Auslandssemester machen? – Ja, aber sie _____ nicht. (sollen / können)   ___ / 6

2 Sprechen die Leute positiv (P) oder negativ (N) über ihre Schulzeit?

a Der Leistungsdruck war am Ende viel zu hoch. (_____)

b Ich war froh, als ich endlich meine Lehre anfangen konnte. (_____)

c Es war gut, dass es so viele AGs gab. (_____)

d Die Lehrer waren nicht zu streng und wir konnten am Ende einige Fächer selber wählen. (_____)   ___ / 4

3 Was passt zusammen?

Bilden Sie acht Wörter zum Thema Schule, Studium und Beruf.

-semester -schule -lesung -schaften -lehrerin -gebühren -kurs -kunde -sprachen

a Real*schule*   **b** Erd_____   **c** Fremd_____

d Klassen_____   **e** Studien_____   **f** Vor_____

g Winter_____   **h** Wirtschaftswissen_____   **i** Bachelor_____   ___ / 4

4 Was passt?

Ein ½ Punkt für jeden richtigen Tick.

	machen	gehen	sammeln	kennenlernen	bestehen
in die Schule					
eine Prüfung	✓				
einen Abschluss					
Erfahrungen					
neue Leute					

___ / 3

5 Wie heißen die Sätze im Futur I?

Schreiben Sie die Sätze um und benutzen Sie die Zukunft mit *werden*.

Beispiel: Thomas studiert nächstes Semester in Barcelona. →
Thomas *wird* nächstes Semester in Barcelona *studieren*.

  a In zwei Wochen besuche ich eine Schulfreundin in München.

  b Nach dem Abschluss hast du sehr gute Berufschancen.

  c Was macht ihr in den Sommerferien?

  d Ich hole die Karten übermorgen ab.   ___ / 4

6 Wohin kommt das Adverb?

  a Er wird anrufen. (bestimmt)

  b Sie werden bei ihren Eltern sein. (wohl)   ___ / 2

7 Und zum Schluss: Wissen und Kultur

  a Die drei Schultypen nach der Grundschule sind die _____schule, die Realschule
     und das _____ .

  b Viele haben das kritisiert – in der _____ findet man deshalb die drei Typen unter
     einem Dach.

  c Ein wichtiger Teil von dem Bildungssystem ist die _____ Ausbildung – die Azubis
     arbeiten in einem Betrieb und besuchen auch eine Berufsschule.

  d Die Studentenzahlen steigen, auch weil es keine _____ gibt.

  e Nach einer aktuellen Studie glauben fast _____ % der Studenten, dass sie gute
     Berufschancen haben.

  f Am höchsten bewerten Ingenieurswissenschaftler und _____ ihre Chancen,
     einen guten Beruf zu finden.   ___ / 7

Gesamt
_____ / 30

Auswertung: 25–30 Punkte: Großartig. Fangen Sie schnell mit Kapitel 3 an. 17–24 Punkte: Sehr gut.
Wiederholen Sie noch einmal die Punkte, die Sie nicht verstanden haben. 16 Punkte und weniger: Gut
gemacht. Wir würden aber vorschlagen, dass Sie dieses Kapitel noch einmal gründlich wiederholen.

3 | Lifestyle, Freizeit, Kultur

Teil A

1 Freizeitaktivitäten

Welches Verb passt am besten?

> arbeiten – einladen – engagieren – fahren – gehen – gehen – hören – kümmern – lesen – machen – machen/treiben – sein – sein – spielen – spielen – treffen – verbringen

a Radio: _____
b Zeitungen, Zeitschriften: _____
c ehrenamtlich: _____
d in einem Verein aktiv: _____
e sich mit Freunden oder Kumpeln: _____
f in den sozialen Medien aktiv: _____
g Videogames: _____
h einen Ausflug: _____
i shoppen: _____
j Rad: _____
k Sport: _____
l in eine Ausstellung: _____
m sich für die Umwelt: _____
n sich um andere Menschen: _____
o Zeit mit dem Partner: _____
p Musik in einer Band: _____
q Freunde nach Hause: _____

2 Wie oft machen Sie das in Ihrer Freizeit?

Schreiben Sie und sprechen Sie dann.

a Lesen Sie jeden Tag Zeitung oder eine Zeitschrift?

_____

b Wie oft hören Sie Radio?

_____

c Wie viel Zeit verbringen Sie jeden Tag in den sozialen Netzwerken?

_____

d Wie oft machen Sie pro Woche Sport?

_____

e Sehen Sie täglich fern?

_____

f Wie oft gehen Sie in der Woche einkaufen?

_____

g Kümmern Sie sich auch um einen Verwandten oder Bekannten?

_____

h Arbeiten Sie ehrenamtlich? Wenn ja, was machen Sie und wie oft?

_____

Nützliche Ausdrücke

Wie oft?

jeden Tag *every day*
jede Woche *every week*
jeden Monat *every month*

täglich *daily, every day*
wöchentlich *weekly, every week*
monatlich *monthly, every month*

einmal, zweimal, dreimal, mehrmals etc. pro
Tag, Woche, Monat
einmal, zweimal, dreimal, mehrmals etc.
täglich, wöchentlich, monatlich

Grammatik (1)

Verben und Präpositionen – Gebrauch *(Usage)*

1 Deutsch und Englisch
Viele Verben im Deutschen benötigen eine Präposition. Oft sind sie anders als im Englischen:
Ich interessiere mich **für** …   *I am interested **in** …*
Er wartet **auf** …   *He is waiting **for** …*

2 Mehr als eine Präposition
Einige Verben haben mehr als eine Präposition. Die Bedeutung kann dann anders sein:
Ich freue mich **auf** …   *I am looking forward to …*
Ich freue mich **über** …   *I am pleased about …*

Für Verben wie **sprechen/reden/telefonieren** etc. benutzt man **mit** für Personen und
über für das Thema/Objekt:
Ich spreche **mit** Yasmine **über** das Projekt.

Auch **sich bedanken** und **sich entschuldigen** haben verschiedene Präpositionen – für
Personen benutzt man **bei** und für die Sache **für**:
Ich habe mich **bei** meinem Bruder **für** das Geschenk bedankt.

3 Fälle
Nicht vergessen! Präpositionen im Deutschen brauchen einen Fall, meistens den Akkusativ
oder Dativ:
Sie begeistert sich **für** die Band. (**für** + Akkusativ)
Er spricht **mit** der Frau. (**mit** + Dativ)

*Am besten lernt man die Verben mit der Präposition und dem Fall. Eine Liste finden Sie im Kursbuch
auf Seite 34 und Seite 44.*

3 Welche Präposition brauchen die Verben?

an – auf – bei – für – mit – nach – über – um – von

a denken, glauben, sich erinnern: *an* + Akk.

b warten, sich spezialisieren, sich freuen: _____ + Akk.

c sich interessieren, sich engagieren, sich entschuldigen, sich bedanken: _____ + Akk.

d sich ärgern, sich freuen, sprechen, denken: _____ + Akk.

e sich bewerben, sich kümmern: _____ + Akk.

f suchen, schmecken: _____ + Dat.

g aufhören, telefonieren, sich beschäftigen, sprechen: _____ + Dat.

h anrufen, sich entschuldigen, sich bedanken: _____ + Dat.

i träumen, wissen: _____ + Dat.

4 Verbinden Sie

1 Ich ärgere mich oft	a mit Tina telefoniert?
2 Wir warten seit zwei Tagen	b für Mathematik.
3 Sie haben sich	c über das schlechte Wetter.
4 Wir interessieren uns	d nach Knoblauch.
5 Hast du	e auf Handyreparaturen spezialisiert.
6 Er kümmert sich viel	f an deinen 18. Geburtstag?
7 Erinnerst du dich noch	g auf das Paket.
8 Das Essen schmeckt	h um seinen kleinen Bruder.

5 Welche Präposition passt?

a *auf* oder *über*?

Wir freuen uns _____ den Urlaub.

Sie freut sich _____ den Preis.

b *über* oder *mit*?

Hast du _____ deinen Eltern gesprochen?

Habt ihr _____ den Film gesprochen?

c *bei* oder *für*?

Er hat sich _____ sein Verhalten entschuldigt.

Hast du dich _____ deiner Freundin entschuldigt?

d *um* oder *bei*?

Sie hat sich _____ den Job als Designerin beworben.

Wir haben uns _____ einer kleinen Firma beworben.

e *an* oder *über*?

Was denkst du _____ die deutsche Sprache?

Denkst du oft _____ die Zukunft?

6 Fälle

Ergänzen Sie die Endungen.

a Mehrmals in der Woche kümmere ich mich um mein**en** Vater.

b Er engagiert sich für d__ Umweltschutz.

c Ich freue mich schon auf d__ Urlaub.

d Warum müssen wir immer so lange auf d__ U-Bahn warten?

e Sie ärgert sich immer noch über d__ Wetter.

f Ich interessiere mich für d__ deutsche Kultur.

g Hast du mit dein__ Mutter geskypt?

h In ihrer Freizeit beschäftigt sie sich viel mit ihr__ Motorrad.

i Navid hat lange nach sein__ Kreditkarte gesucht.

j Hast du dich schon bei dein__ Kollegen für d__ schönen Blumen bedankt?

k Sie möchte mit ihr__ Freund über d__ Pläne fürs Wochenende reden.

Grammatik (2)

> **Verben und Präpositionen – *daran, dafür, darauf* etc.**
>
> Antwortet man auf eine Frage, braucht man oft nicht den ganzen Satz zu wiederholen:
>
> Denkst du **an** das Geld? – Ja, ich denke **daran**.
> Interessierst du dich **für** Sport? – Nein, ich interessiere mich nicht **dafür**.
> Freust du dich **auf** deinen Urlaub in Spanien? – Ja, ich freue mich **darauf**.
> Ärgerst du dich **über** das Wetter? – Ja, ich ärgere mich **darüber**.
>
> Wörter wie **daran, dafür** etc. heißen Pronominaladverbien (*pronomial adverbs*). Man bildet sie mit:

> **da** + Präposition: dafür, damit, danach, davon
> **dar** + Präposition, wenn die Präposition mit einem Vokal oder Umlaut beginnt: daran, darauf, darüber, darum

7 Sagen Sie es kürzer

Was denken Sie? Beantworten Sie die Fragen mit **Ja** oder **Nein** und benutzen Sie ein Pronominaladverb.

Beispiel
Interessieren Sie sich für Fußball? → Ja, ich interessiere mich dafür. / Nein, ich interessiere mich nicht dafür.

a Ärgerst du dich über das Wetter?

b Interessierst du dich für Musik?

c Interessierst du dich für Geschichte?

d Freust du dich über deine Geschenke?

e Erinnerst du dich an deinen ersten Kuss?

f Bewirbst du dich um den Job?

g Kümmerst du dich um das Essen?

h Freust du dich auf das Wochenende?

> **Mehr Vokabeln**
>
> ***Mehr Verben mit Präpositionen***
>
> | | |
> |---|---|
> | nach\|denken über (+ Akk.) | to think about, to reflect on |
> | schreiben an (+ Akk.) | to write to |
> | teil\|nehmen an (+ Dat.) | to participate in |
> | sich streiten mit / über (+ Dat./Akk.) | to argue with/about |

Teil B

1 Großstadtleben

Wer sagt etwas Positives (P), Negatives (N) oder Beides (P + N) über das Leben in der Großstadt?

a Die Mietpreise in der Stadt sind so in die Höhe geschossen. Für eine Familie mit Kindern ist es sehr schwierig, eine passende Wohnung zu finden. Das finde ich absolut unsozial. Wir suchen schon seit einem halben Jahr – bisher ohne Erfolg. *(N)*

b Das kulturelle Angebot ist einfach super – von Theatern, Museen, Konzerten bis zu Clubs und Festivals findet man hier alles. Und es gibt etwas für jede Altersgruppe und jeden Geschmack. Auch die Einkaufsmöglichkeiten sind viel besser geworden – im Zentrum kann man sehr gut shoppen gehen. (_____)

c Ich mag, dass sich in der Stadt alles so schnell verändert: Geschäfte, Cafés und Bars schließen und dann gibt es etwas Neues. Alles ist in Bewegung. Und dass so viele Kulturen und Religionen friedlich miteinander leben, finde ich großartig. Auch beruflich hat man hier sehr gute Möglichkeiten. (_____)

d Überall Baustellen und Staus. Normalerweise brauche ich eine halbe Stunde von meinem Haus bis zur Arbeit. Seitdem sie aber überall am Bauen sind, dauert die Fahrt länger als eine Stunde. Es ist eine Katastrophe. Dazu kommt dann noch die Luftverschmutzung, wenn die Autos im Stau stehen. (_____)

e Ich komme aus einem kleinen Dorf, hier in der Stadt fühle ich mich frei. Die Menschen sind offener und toleranter und die Lebensqualität ist höher. Was mich aber nervt, ist die Gentrifizierung. Viele Stadtteile ändern sich viel zu schnell. (_____)

Vokabeln

in die Höhe schießen	*to rocket*
unsozial	*antisocial*
der Geschmack (-̈er)	*taste*
die Luftverschmutzung (-en)	*air pollution*
im Stau stehen	*to be stuck in a traffic jam*
die Gentrifizierung (-en)	*gentrification*

2 Wie heißt das Wort?

a Die Stadt, wo man geboren ist: die
  H _ _ _ _ _ s t a d t

b Eine wichtige Stadt, die man überall kennt:
  eine W _ _ _ s t a d t

c Eine ganz besondere Sehenswürdigkeit: das
  W _ _ _ z e i _ _ _ _

d Wie gut man shoppen gehen kann:
  E i n k a u f s m ö g _ _ _ _ _ _ _ -
  t _ _

e Was man für eine Wohnung bezahlt: die
  _ _ _ t e

f Was man kulturell machen kann: das
  K u l t u r a n _ _ _ _ _

g Viele Autos bewegen sich nicht: die Autos stehen im S t _ _

h Etwas ist nicht sozial: etwas ist _ _ s o z i a l

i Wie gut man lebt: die L e b e n s q u _ _ _ _ _ _ _

3 Das Oktoberfest – Geschichte und Fakten

Lesen Sie den Text über das Oktoberfest und beantworten Sie die Fragen.

a Wie lange gibt es das Oktoberfest schon?
b Was gab es dort am Anfang?
c Warum hat man es in den September verlegt?
d Wie viel ist eine *Mass* Bier und was ist ein *Hendl*?
e Wie nennt man das Oktoberfest auch?

Seit über 200 Jahren gibt es das Oktoberfest in München. Heute ist es das größte Volksfest der Welt für Bier, Trachten und Unterhaltung. In seinen Anfängen hatte das Fest aber nichts mit Bier und Alkohol zu tun.

Der eigentliche Grund für das Fest war die Hochzeit von Ludwig von Bayern und seiner Frau Therese im Oktober 1810. Der Bankier Andreas von Dall'Armi hatte die Idee, zur Feier der Hochzeit ein großes Pferderennen zu veranstalten. Die Begeisterung des Volkes für das Fest war so groß, dass bald klar wurde, dass dieses Fest jedes Jahr stattfinden sollte.

Bier durfte auf dem Gelände aber erst später verkauft werden – zunächst nur im Freien und seit dem Ende des 19. Jahrhunderts auch in Bierhallen mit Musikkapellen. Zu dieser Zeit eröffneten auch die ersten Restaurants, die *Hendl*, gebratene Hühner, verkauften, eine Spezialität, die es auch heute noch gibt.

Wegen seiner Popularität wurde das Fest bald auf zwei Wochen verlängert und in die letzten Septembertage verlegt, weil das Wetter dann meistens besser ist.

Bis heute hat sich *die Wiesn*, wie man das Oktoberfest auch nennt, mit über 6 Millionen Besuchern zu einem bunten Fest für nahezu alle Nationen gewandelt. Wussten Sie, dass man ein spezielles Bier für das Oktoberfest braut und dass man es in einer „Mass" – was genau 1 Liter entspricht – serviert? Aber natürlich geht es bei der *Wiesn* nicht nur um Bier. Wenn Sie mehr erfahren wollen, schauen Sie zum Beispiel unter www.oktoberfest.de.

Vokabeln

die Tracht (-en)	*traditional costume*
das Pferderennen (-)	*horse race*
das Gelände (-)	*here: site*
verlegen	*to move, to postpone*
brauen	*to brew*

Grammatik (1)

Verben und Präpositionen – Fragen

1 Ja-Nein-Fragen
Bei Ja-Nein-Fragen ist das Verb in Position 1:
Interessieren Sie sich für Fußball?

2 W-Fragen
Offene Fragen bildet man mit **wo(r)** + der relevanten Präposition:
sich interessieren **für** → Wo**für** interessieren Sie sich?
denken **an** → Wor**an** denkst du?

Das extra **r** braucht man, wenn die Präposition mit einem Vokal oder Umlaut beginnt, zum Beispiel **an, auf, um, über** → woran, worauf, worum, worüber.

3 Fragen nach einer Person
Fragt man spezifisch nach einer Person, benutzt man **wen** + Präposition (Akkusativ) und **wem** + Präposition (Dativ):
An **wen** schreibst du?
Mit **wem** hast du telefoniert?

4 Welches Fragewort braucht man?

Ergänzen Sie die Fragen mit **wen** oder **wem**.

a An *wen* denkst du?

b Auf _____ wartest du?

c Über _____ habt ihr gerade gesprochen?

d Mit _____ hast du gestern telefoniert?

e Von _____ hast du letzte Nacht geträumt?

f Bei _____ habt ihr eigentlich gewohnt?

g Über _____ haben Sie sich geärgert?

Grammatik (2)

Personalpronomen – Akkusativ und Dativ

Nicht vergessen – Personalpronomen haben verschiedene Formen im Akkusativ und Dativ:

Akkusativ		Dativ	
ich → mich	wir → uns	ich → mir	wir → uns
du → dich	ihr → euch	du → dir	ihr → euch
Sie → Sie	Sie → Sie	Sie → Ihnen	Sie → Ihnen
er → ihn	sie → sie	er → ihm	sie → ihnen
sie → sie		sie → ihr	
es → es		es → ihm	

5 Sagen Sie es anders

Benutzen Sie ein Personalpronomen.

Beispiel

Ich denke an Julian. → Ich denke an *ihn*.

a Ich warte auf meine Kollegin.

b Wir ärgern uns über Tim.

c Ich habe gerade mit meinem Bruder gesprochen.

d Hast du von Inge gehört?

e Habt ihr bei euren Freunden übernachtet?

f Wir haben uns über Katja und Ben unterhalten.

g Ich freue mich auf Silke.

6 Und jetzt Sie

Beantworten Sie die Fragen. Schreiben Sie und sprechen Sie dann. Begründen Sie Ihre Antworten in 2–3 Sätzen.

a Wofür interessieren Sie sich und warum?

_____

b Wofür interessieren Sie sich nicht?

_____

c Worüber ärgern Sie sich in Ihrer Stadt?

_____

d Womit beschäftigen Sie sich viel in Ihrer Freizeit?

_____

e Worüber reden Sie nicht so gern?

_____

f Worüber haben Sie sich in letzter Zeit besonders gefreut?

_____

g Wofür können Sie sich begeistern?

_____

h Was ist Ihr Traum? Wovon träumen Sie?

_____

i Worauf freuen Sie sich in den nächsten Wochen oder Monaten?

_____

Mehr Vokabeln

„O'zapft is!"	what the mayor traditionally says to open the Oktoberfest
das Hendl (-)	grilled chicken
das Festzelt (-e)	marquee / beer tent
die Mass (-) / Maß (-)	1 litre of beer

Teil C

1 Vorlieben, Abneigungen

Welche Aussagen drücken Vorlieben aus, welche Abneigungen? Ordnen Sie zu.

Ich bin kulturinteressiert – Ballett hat mich schon immer gelangweilt – Ich schätze zeitgenössische Kunst – Wir bevorzugen moderne Kunst – An Fußball habe ich kein Interesse – Golf? Das wäre nichts für mich – Ich mag die gesellige Seite im Verein –
Ich gebe zu, ich bin total sportbegeistert – Ehrlich gesagt, interessiert mich das nicht so besonders – Für Fantasie-Serien kann ich mich nicht begeistern – Ich habe große Lust, auf das Musikfestival zu gehen

Vorlieben	Abneigungen
Ich bin kulturinteressiert	

2 Sagen Sie es formeller

Benutzen Sie Vokabeln aus diesem Kapitel.

a Was magst du? →
Was sind deine V o r l __ __ __ __ __?

b Ich mag moderne Musik. →
Ich s c h __ __ __ e moderne Musik.

c Sport finde ich total klasse. →
Ich bin total __ __ __ r t b e __ __ __-
s t __ __ __ .

d Er interessiert sich sehr für Kultur. →
Er ist sehr k u l __ __ __ i n __ __ __ __ s-
__ __ __ r t.

e Wir finden das neue Restaurant besser. →
Wir b __ v o r z __ g __ __ das neue Restaurant.

f Onlinespiele finde ich uninteressant. →
An Onlinespielen habe ich kein
I n t __ r e s s __ .

g Ich bin gern up-to-date. →
Ich bin gern auf dem __ a u __ __ __ __ __ __ .

Grammatik (1)

zu + Infinitiv

Infinitivsätze mit **zu** bildet man oft nach den folgenden Konstruktionen und Verben:

Ich habe ...	Es ist ...	Es macht ...
Interesse / kein Interesse	einfach / schwierig	Sinn / keinen Sinn
Lust / keine Lust	billig / teuer	Spaß / keinen Spaß etc.
Zeit / keine Zeit	möglich / unmöglich	
Geld / kein Geld	anstrengend / stressig	Ich bitte / fange ... an /
(nicht) die Absicht	wichtig / unwichtig	höre ... auf / mag es / hoffe /
etc.	etc.	plane / vergesse / versuche etc.

Nicht vergessen!
Bei Infinitivsätzen mit **zu** geht das Verb ans Ende:
Es ist zu teuer, mit dem Flugzeug zu **kommen**.

Bei trennbaren Verben steht **zu** zwischen Präfix und Verb:
Hast du vergessen, das Handy auf**zu**laden?

3 Was passt zusammen?

Finden Sie zu jeder Frage die passende Antwort.

1 Hast du Zeit, mit zur Party zu kommen?	**a** Ja, wir wollen wandern gehen.
2 Ist es nicht anstrengend, jeden Tag zu trainieren?	**b** Ein oder zwei Abende pro Woche wäre das möglich.
3 Hast du versucht, Karten zu bekommen?	**c** Ja, wir besuchen jetzt einen Kurs.
4 Habt ihr angefangen, Polnisch zu lernen?	**d** Nein, leider muss ich arbeiten.
5 Haben Sie Interesse, ehrenamtlich bei uns zu arbeiten?	**e** Eigentlich nicht, aber manchmal bin ich ziemlich kaputt.
6 Plant ihr, am Samstag einen Ausflug zu machen?	**f** Ja, aber sie waren schon ausverkauft.

4 Ordnen Sie die Sätze

Beispiel

Nach den Ferien fange ich an, *zu / mehr / machen / Sport / .* →
Nach den Ferien fange ich an, *mehr Sport zu machen.*

a Leoni hat keine Lust, *aufzuräumen / ihr Zimmer / .*

b Am Samstagmorgen genießt sie es, *ihre Freunde / treffen / in der Stadt / zu / .*

c Ich glaube, es ist billiger, *zu / für das Fitnesscenter / ein Jahresticket / kaufen / .*

d Ist es möglich, *verschieben / unser Meeting / zu / auf Dienstag / ?*

e Er findet es stressig, *jeden Tag / zu / pendeln / über zwei Stunden / .*

f Haben Sie die Absicht, *zu / suchen / einen neuen Job / ?*

g Ich hoffe, *mehr Zeit / haben / in den nächsten Wochen / zu / .*

> **Tipp**
>
> Als Alternative zu Infinitivsätzen mit **zu**, kann man oft Nebensätze mit **dass, wenn** etc. benutzen:
>
> Für mich ist es wichtig, → Für mich ist es wichtig,
> mich sozial zu engagieren. **dass** ich mich sozial engagiere.
>
> Es ist billiger, → Es ist billiger,
> ein Jahresticket zu kaufen. **wenn** man ein Jahresticket kauft.

5 Welches Wort passt nicht?

a Zeitgenössische Kunst: *Videoinstallation, Performance, Romantik, Konzeptkunst*

b Kampfsport: *Jiu-Jitsu, Yoga, Judo, Karate*

c Ballsportarten: *Handball, Tennis, Turnen, Squash*

d Klassische Musik: *Beethoven, Kraftwerk, Mozart, Liszt*

e Musikinstrumente: *Querflöte, Klavier, Violine, Mass*

f Literatur: *Roman, Kurzgeschichte, Symphonie, Gedicht*

g Vereinsleben: *Verlag, Training, Jugendmannschaft, Geselligkeit*

Grammatik (2)

Sätze mit *um … zu* + Infinitiv

Man benutzt **um … zu + Infinitiv**, wenn man eine Absicht oder ein Ziel ausdrücken möchte:

Ich lerne Deutsch, **um** in Deutschland **zu studieren**.
Er joggt jeden Morgen, **um** fitter **zu werden**.

Wichtig! Man kann **um … zu** nur benutzen, wenn das Subjekt in beiden Satzteilen identisch ist. Ist das Subjekt verschieden, verwendet man **damit**:

Sie machen Urlaub in England, **damit** ihre Kinder ihr Englisch verbessern können.
Er gibt noch ein wenig Salz zu der Soße, **damit** sie besser schmeckt.

6 Bilden Sie Sätze *mit um … zu*

Beispiel
Er fährt jetzt mehr mit dem Fahrrad, um
_____ . (ein paar Kilo abnehmen) →
Er fährt jetzt mehr mit dem Fahrrad, um *ein paar Kilo abzunehmen.*

a Er geht nachher in die Stadt, um
_____ . (seine Freunde treffen)

b Sie macht Jiu-Jitsu, um _____ .
(sich besser verteidigen können)

c Wir gehen ins Museum, _____ .
(eine Ausstellung über Pop-Art sehen)

d Sie lernt ein Instrument, _____ .
(in einem Orchester spielen)

e Er geht ins Fitnesscenter, _____ .
(Muskeln aufbauen)

f Sie macht ein Praktikum, _____ .
(Erfahrungen sammeln)

g Er engagiert sich ehrenamtlich,
_____ . (Flüchtlingen helfen)

7 Und jetzt Sie. Seien Sie kreativ

Ergänzen Sie die Sätze.

Beispiel
Ich fahre in die Stadt, um _____ . →
Ich fahre in die Stadt, *um ein paar Sachen zu kaufen.*

a Ich fahre in die Stadt, um
_____ .

b Ich lerne Deutsch, um
_____ .

c Ich gehe nachher in den Park, um

_____ .

d Ich treibe jetzt mehr Sport, um

_____ .

e Ich bleibe heute Abend zu Hause, um

_____ .

f Ich gehe am Wochenende ins Konzert /
in eine Ausstellung / ins Kino, um

_____ .

g Wir fahren im Sommer in die Alpen, um

_____ .

💬Und jetzt Sie.
Mein Mini-Projekt

Willkommen bei uns

Eine Jugendhandballmannschaft aus
Deutschland besucht Ihre Heimatstadt
oder einen Ort / eine Stadt, den/die Sie gut
kennen. Sie sollen die jungen Leute
(16 bis 18 Jahre) willkommen heißen und
eine kurze Rede halten. Sprechen Sie
über die Stadt / den Stadtteil, beschreiben
Sie, wie das Kulturangebot ist, was es für
Einkaufsmöglichkeiten gibt und wie die
sportlichen Möglichkeiten sind. Geben Sie
ein paar Insidertipps, wenn Sie können.

Hier sind einige Redewendungen, die Sie
benutzen können. Viel Spaß.

Liebe Sportfreunde,

herzlich willkommen bei uns in XY.
*Wir freuen uns sehr, dass ihr ein paar Tage bei
uns seid.*

Wie ihr vielleicht/sicherlich wisst, ist/liegt XY …

Wir haben etwa … Einwohner.

Bekannt ist XY für …

*Wenn ihr euch für Kultur interessiert, könnt ihr
zum Beispiel …*

Musikliebhaber können …

Zum Shoppen kann ich euch empfehlen, …

*In Sachen Sport haben wir hier einen
bekannten Fußballverein/Rugbyclub/
Tennisverein etc.*

Vielleicht kennt ihr ja auch …

*Ein bekannter Sportler / Eine bekannte
Sportlerin ist … Er/Sie hat/ist …*

*Ich hoffe, dass ihr euch bei uns wohlfühlen
werdet …*

Testen Sie sich

Am Ende von jedem Kapitel können Sie testen, was Sie gelernt haben. Es gibt immer 30 Punkte.

I   Welche Präpositionen fehlen?

   a   Ich freue mich _____ das Wochenende.

   b   Sie muss _____ das Problem nachdenken.

   c   Hast du dich _____ Linda _____ das schöne Geschenk bedankt?   ___ / 4

2   Was haben Sie gesagt?

Bilden Sie Fragen.

Beispiel: Das Eis schmeckt nach Honig. → *Wonach schmeckt das Eis?*

   a   Ich ärgere mich über die hohen Preise.

   b   Jasper interessiert sich für Computergames.

   c   Wir freuen uns auf das Konzert.   ___ / 6

3   Was kann man auch sagen?

   a   Er trainiert jeden Tag. – Er trainiert **täglich**.

   b   Sie treffen sich jede Woche. – Sie treffen sich _____ .

   c   Die Workshops finden jeden Monat statt. Die Workshops finden _____ statt.   ___ / 2

4   Welches Wort passt am besten?

Kulturangebot – Wahrzeichen – Einkaufsmöglichkeiten – ehrenamtliches Engagement – ~~Vorlieben~~ – Stau

---

   a   _____ : Brandenburger Tor, Frauenkirche, Big Ben

   b   _____ : Theater, Museen, Konzerte

   c   *Vorlieben*   : schätzen, bevorzugen, sich begeistern

   d   _____ : Verspätung, Luftverschmutzung, Baustelle

   e   _____ : Shoppen, Mode, Stadtzentrum

   f   _____ : Trainer im Verein, Hilfe für Emigranten   ___ / 5

5 Sagen Sie es anders

Bilden Sie Sätze mit zu + Infinitiv.

Beispiel: Ich bin zu busy und kann heute Abend nicht mitkommen. →
Ich habe keine Zeit, heute Abend *mitzukommen*.

a Ich möchte gern ins Kino gehen.

  Ich habe Lust, ins Kino _____ .

b Können wir einen Badmintoncourt buchen?

  Ist es möglich, einen Badmintoncourt _____?

c Wir wollten sie einladen.

  Wir haben versucht, sie _____ .   ___ / 3

6 Ordnen Sie die Sätze in kursiv

a Ich gehe jetzt zu einem Reitkurs, *um / zu / lernen / . /*

b Wir gehen oft wandern, *machen / in die Umgebung / um / zu / Ausflüge / . /*

c *Um / Platz / einen guten / bekommen / zu /,* müssen wir früh losfahren.   ___ / 3

7 Und zum Schluss: Wissen und Kultur

Sind die folgenden Aussagen richtig oder falsch?

a München ist die Landeshauptstadt von Sachsen.

b Man nennt München auch „die nördlichste Stadt Italiens".

c Das Wahrzeichen von München ist die Frauenkirche.

d Das Oktoberfest ist etwa 100 Jahre alt.

e Man hat es in den September verlegt, weil dann das Wetter besser ist.

f Eine Mass hat genau 1,5 Liter.

g Die Wiesn ist ein anderer Name für das Oktoberfest.   ___ / 7

Gesamt
_____ / 30

Auswertung: 25–30 Punkte: Großartig. Fangen Sie schnell mit Kapitel 4 an. 17–24 Punkte: Sehr gut. Wiederholen Sie noch einmal die Punkte, die Sie nicht verstanden haben. 16 Punkte und weniger: Gut gemacht. Wir würden aber vorschlagen, dass Sie dieses Kapitel noch einmal gründlich wiederholen.

4 | Die Arbeitswelt

Teil A

1 Sagen Sie es anders

a   Ein anderes Wort für abwechslungsreich:
    v i e l s _ _ _ _ _

b   Bekommt ein Kellner oft von den Gästen:
    das T r _ _ _ g _ _ d

c   Ein anderes Wort für Verdienst: das
    G e h _ _ t

d   Geld investieren: Geld _ _ l e g _ _ _

e   Über seine Probleme sprechen: über seine
    S _ r g _ _ sprechen

f   Man ist für etwas verantwortlich: man hat
    V _ _ a n t w _ _ t _ _ _

g   Wenn man etwas gut versteht: man hat ein
    gutes V e _ s t _ _ _ n _ _ für etwas

h   Man braucht viel Zeit: man braucht
    G e d _ _ d

i   Die Stunden, die man arbeitet:
    die A r b e _ _ s z e i _

j   Die Stimmung bei der Arbeit: die _ _ -
    b e _ _ _ a t m o _ _ _ _ _ r _

k   Man arbeitet viel mit dem Körper: man
    arbeitet viel _ ö r _ _ _ l _ c h

l   Gute Möglichkeiten im Beruf: gute
    K a r r _ _ r e c h a n _ _ _

2 Wer macht was?

Finden Sie das Verb, das am besten passt.

> verkauft – programmiert – baut – betreut –
> leitet – entwickelt – berät – schneidet –
> ~~serviert~~

a   Ein Kellner **serviert** Essen und Getränke.

b   Eine Verkäuferin berät Kunden und _____
    Waren.

c   Ein Altenpfleger _____ meist ältere
    Menschen.

d   Eine Ingenieurin plant und _____ zum
    Beispiel neue Maschinen.

e   Eine Managerin _____ ein Team oder eine
    Firma.

f   Eine Friseurin stylt und _____ Haare.

g   Ein Bauarbeiter _____ zum Beispiel
    Gebäude oder Straßen.

h   Eine Informatikerin _____
    Computersysteme.

i   Ein Bankkaufmann _____ Kunden in
    Geldfragen, zum Beispiel bei Investitionen.

Grammatik (1)

Berufe

Im Deutschen gibt es meistens maskuline und feminine Berufsbezeichnungen. Normalerweise
enden feminine Berufstitel auf **-in**:

Ingenieur – Ingenieur**in**   Manager – Manager**in**
Kundenberater – Kundenberater**in**

Es gibt ein paar Besonderheiten:

I Einige feminine Berufstitel haben einen Umlaut:
Arzt – **Ä**rztin, Koch – K**ö**chin, Rechtsanwalt – Rechtsanw**ä**ltin

2 Wenn maskuline Berufstitel auf **-e** enden, entfällt bei den femininen Formen das
-e:
Sozialpädagog**e** – Sozialpädagog**in**, Psycholog**e** – Psycholog**in**

3 **Beamter** (*civil servant*) und **Angestellter** (*employee*) sind unregelmäßig:
Beamter – Beamtin, Angestellter – Angestellte

4 Manchmal sind die maskulinen und femininen Formen verschieden:
Kranken**pfleger** – Kranken**schwester**, Kauf**mann** – Kauf**frau**

Tipps für Pluralformen
Maskuline Berufstitel, die auf **-er** enden, haben meistens die gleichen Singular-
und Pluralformen: der Mechanik**er** – die Mechanik**er**, der Lehr**er** – die Lehr**er**

Feminine Berufstitel, die auf **-in** enden, bilden den Plural mit **-nen**: die Mechaniker**in** – die
Mechaniker**innen**, die Lehrer**in** – die Lehrer**innen**

3 Wie heißt es richtig?

Ergänzen Sie die fehlenden Formen.

maskulin (sing)	maskulin (pl)	feminin (sing)	feminin (pl)
Altenpfleger	Altenpfleger		Altenpflegerinnen
Bäcker		Bäckerin	
	Juristen		
	Köche		
Immobilienmakler			
		Journalistin	
	Angestellte		Angestellte
	Beamte		Beamtinnen
	Psychologen		
	Rechtsanwälte		
Zahnarzt	Zahnärzte		

4 Welcher Beruf passt nicht?

a IT-Bereich: *Softwareentwickler, ~~Steuerberater~~, Systemanalytiker, Informatiker*

b Medien: *Journalist, Social Media Managerin, Designer, Kellner*

c Handwerk: *Anlagemechaniker, Klempner, Jurist, Elektriker*

d Technik: *Fahrlehrer, Ingenieur, Kfz-Mechatroniker, Metallbauer*

e Medizin: *Physiotherapeut, Zahnärztin, Kinderarzt, Sicherheitsmitarbeiter*

f Bildung/Soziales: *Altenpfleger, Sozialarbeiter, Immobilienmakler, Kindergärtnerin*

g Jura/Recht: *Rechtsanwalt, Richter, Jurist, Bankkaufmann*

5 Berufe – was macht eigentlich ein Eventmanager?

Lesen Sie den Text und machen Sie dann die Übung.

Berufe – Eventmanagement

Eventmanagement – da denkt man vielleicht zuerst an Fashion Shows, Konzerte, Automessen, Sportveranstaltungen und Feuerwerke. Und ja, das alles gehört zum Arbeitsfeld eines Eventmanagers. Jede dieser Veranstaltungen beginnt mit einer Idee – und der Eventmanager ist der kreative Kopf hinter der Idee.

Was macht ein Eventmanager?
Ein Eventmanager plant und organisiert Events und Veranstaltungen aller Art – von Anfang bis Ende. Er muss geeignete Locations finden, das richtige Equipment mieten und Personal einstellen. Außerdem kümmert er sich um die Logistik und das Budget. Meistens ist er auch für das Marketing verantwortlich. Bei kleinen Veranstaltungen arbeitet man vielleicht allein, sehr oft aber in einem Team.

Welche Fähigkeiten braucht man?
Eventmanagement ist ein vielseitiger Beruf mit viel Druck und Stress. Man muss gut organisieren können und flexibel sein. Man braucht gute Nerven, weil es oft stressig ist. Multitasking und perfektes Zeitmanagement sind auch wichtig. Weil man mit den verschiedensten Menschen zu tun hat, muss man sehr gut kommunizieren können.

Wie kann man Eventmanager werden?
Es gibt verschiedene Wege: Man kann nach der Schule eine Ausbildung machen oder auch Eventmanagement an einer Uni studieren. Aber auch Quereinsteiger mit Passion haben gute Chancen. Es ist auf jeden Fall eine gute Idee, ein Praktikum bei einer Eventagentur oder zum Beispiel bei einem Veranstalter von Messen oder Konzerten zu machen. Trotz Stress – Eventmanager ist ein interessanter und spannender Beruf mit sehr vielen Möglichkeiten.

Richtig oder falsch? Korrigieren Sie die falschen Aussagen.

	R	F
a Ein Eventmanager ist der kreative Kopf bei Veranstaltungen.		
b Er ist für die Locations, die Logistik, das Budget und immer für das Marketing verantwortlich.		
c In diesem Beruf gibt es nicht viel Druck.		
d Wichtige Fähigkeiten sind Flexibilität, Multitasking, Zeitmanagement, gute Organisation und Kommunikation.		
e Wenn man Eventmanager werden möchte, muss man an einer Uni studieren.		

Vokabeln

die Messe (-n)	*here: trade fair*
das Arbeitsfeld (-er)	*area of work*
die Veranstaltung (-en)	*event*
geeignet	*suitable*
der Quereinsteiger (-) / die Quereinsteigerin (-nen)	*career changer*
trotz	*despite*

Grammatik (2)

Wenn-Sätze

Nicht vergessen! Bei Nebensätzen *(subordinate clauses)* mit **wenn** steht das Verb am Ende:
Schreib mir einen Text, **wenn** du Zeit *hast*.

Stehen **wenn**-Sätze vor dem Hauptsatz, beginnt der Hauptsatz mit einem Verb:
Wenn du Zeit *hast*, *schreib* mir einen Text.

Gibt es zwei Verben im Hauptsatz, steht das Hilfsverb (zum Beispiel ein Modalverb) vorne:
Wenn du Zeit *hast*, *kannst* du mir einen Text *schreiben*.

6 Berufe und Fähigkeiten. Was gehört zusammen?

Verbinden Sie.

1 Wenn man Lehrer ist,	**a** musst du Fremdsprachen mögen.
2 Wenn man als Eventmanager arbeitet,	**b** muss man körperlich fit sein.
3 Wenn man als Anlagemechaniker arbeitet,	**c** brauchen Sie ein gutes Verständnis für Zahlen.
4 Wenn Sie Kundenberaterin sind,	**d** ist Designer vielleicht ein guter Beruf für Sie.
5 Wenn Sie Bankkauffrau sind,	**e** muss man oft geeignete Locations finden.
6 Wenn Sie gern kreativ sind,	**f** müssen Sie gut kommunizieren können.
7 Wenn du Altenpfleger bist,	**g** muss man gern mit Kindern arbeiten.
8 Wenn du Übersetzerin werden willst,	**h** brauchst du viel Geduld und musst gern mit älteren Leuten arbeiten.

7 Und jetzt Sie. Seien Sie kreativ

Schreiben Sie und sprechen Sie dann.

Beispiel
Was machst du, wenn du müde bist? → *Wenn ich müde bin, trinke ich einen Kaffee.*

a Was machst du, wenn du Hunger hast?
Wenn ich Hunger habe, _____ .

b Was machst du, wenn du gelangweilt bist?
Wenn ich gelangweilt bin, _____ .

c Was machst du, wenn du Sport machen möchtest?
Wenn ich Sport machen möchte, _____ .

d Was machst du, wenn du eine Prüfung hast?
_____

e Wohin gehst du, wenn du etwas Kulturelles machen willst?
_____

f Was machst du, wenn du am Wochenende frei hast?
_____

g Wohin fährst du, wenn du Ferien hast?
_____

Mehr Vokabeln

Berufe und Tätigkeiten

leiten	to lead
untersuchen	to examine
behandeln	to treat
die Rechtsfrage (-n)	legal issue

Eine Managerin leitet ein Team oder zum Beispiel eine Firma.
Ein Arzt untersucht und behandelt Patienten.
Eine Rechtsanwältin berät Leute in Rechtsfragen.

Teil B

I Bilden Sie Nomen zum Thema Arbeitswelt

> ~~zeit~~ – abend – geld – atmosphäre –
> teil – versicherung – arbeiterin – work
> – forderung – druck – teil – Balance

a die Arbeits*zeit*

b die Arbeits_____

c der Termin_____

d der Nach_____

e der Vor_____

f das Urlaubs_____

g die Kranken_____

h das Team_____

i die Work-Life-_____

j der Feier_____

k die Mit_____

l die Heraus_____

2 Welches Wort passt am besten?

> Teilzeit – Termindruck – Mitarbeiterin –
> Vorteil – Work-Life-Balance – Feierabend –
> Sozialleistungen

a Die Deadline ist morgen – der _____ ist sehr hoch.

b Das ist unsere neue _____, Frau Gonzales.

c Pauline arbeitet nur 20 Stunden pro Woche. Sie arbeitet _____ .

d Um 17.00 Uhr ist _____ . Dann treffe ich Freunde.

e Man hat sehr viel Ferien. Das ist sicherlich ein _____, wenn man Lehrer ist.

f Hakan arbeitet jetzt bei einer großen Bank. Die _____ sind fantastisch.

g Beruf, Familie, Freizeit – für viele Menschen ist heutzutage die richtige _____ sehr wichtig.

3 Sind Sie mit Ihrer Arbeit zufrieden?

Drei Personen sprechen über die Vorteile und Nachteile in ihrem Beruf.

a Torsten Wedemann, Metallarbeiter
Im Großen und Ganzen bin ich mit meinem Beruf zufrieden. Wir arbeiten 36,5 Stunden pro Woche, das ist in Ordnung. Wenn wir Überstunden machen, werden sie extra bezahlt. Die Arbeit ist auch körperlich nicht so anstrengend, weil wir die neuesten Maschinen haben. Für die Generation vor uns war die Arbeit viel härter und auch die Sozialleistungen waren nicht so gut. Die Arbeitsatmosphäre ist gut und die Kollegen sind freundlich.

b Gina Zapato, Zahnärztin
Ich bin selbstständig und habe eine kleine Zahnarztpraxis – eine 40-Stunden-Woche gibt es für mich natürlich nicht. Da ich meinen Beruf liebe und eine Workaholikerin bin, macht mir das aber nichts aus. Teamwork und eine gute Arbeitsatmosphäre sind für so eine kleine Praxis natürlich enorm wichtig und ich unterstütze meine Mitarbeiterinnen und Mitarbeiter so viel wie möglich. Mit dem Verdienst bin ich sehr zufrieden, aber das Geld ist nicht das Wichtigste für mich.

→

c Julius Paul, arbeitet in einem Callcenter
Ich arbeite seit drei Monaten in einem Callcenter. Die Arbeit ist nicht sehr interessant und es gibt sehr viel Druck. Wir müssen zum Beispiel mindestens 400 Anrufe pro Schicht machen und manchmal kann man das nicht schaffen. Weil alle gestresst sind, ist die Arbeitsatmosphäre nicht besonders gut. Oft muss ich auch am Wochenende arbeiten, was nicht ideal ist, weil ich dann meine Freunde nicht sehen kann. Die Bezahlung ist OK, vor allem, wenn wir einen Bonus bekommen.

Sind die Personen mit den verschiedenen Aspekten von ihrer Arbeit zufrieden (✓) oder unzufrieden (✗)? Ergänzen Sie die Tabelle.

	Torsten	Gina	Julius
Arbeitszeit	(✓) – findet 36,5 Stunden pro Woche in Ordnung		
Arbeitsatmosphäre			(✗) – nicht besonders gut, alle sind gestresst
Sozialleistungen / Verdienst		(✓) – ist mit dem Verdienst sehr zufrieden	
Job im Allgemeinen			

Vokabeln

die Überstunde (-n)	overtime
nichts aus|machen	here: I don't mind
unterstützen	to support
die Schicht (-en)	here: shift
der Bonus (-se)/(Bonie)	bonus

4 Eine kurze Zusammenfassung

Ergänzen Sie die Sätze mit Informationen aus den Texten von Übung 3.

a Torsten ist mit seinem Beruf zufrieden, weil die Arbeitsatmosphäre …

b Gina arbeitet gern länger, da sie ihren …

c Mit dem Verdienst ist sie sehr zufrieden, obwohl …

d Julius kann seine Freunde nicht sehen, weil er …

Grammatik

Nebensätze

Nebensätze können *nach* oder *vor* dem Hauptsatz stehen. Das Verb oder die Verben sind am Ende:
Ich kann nicht kommen, **weil** ich **arbeiten muss**.
Weil ich **arbeiten muss**, kann ich nicht kommen.

Häufig benutzte Konjunktionen, die einen Nebensatz einleiten, sind **bevor** (before), **da** (since, because), **dass** (that), **obwohl** (although), **seit** (since), **während** (while), **weil** (because), **wenn** (when/if).

Informationen über **als** *('when' in the past) und* **ob** *(whether) finden Sie in Kapiteln 7 und 9.*

5 Welche Konjunktion passt am besten?

> weil – obwohl – bevor – dass – während –
> ~~wenn~~ – bevor – seitdem

a *Wenn* es am Wochenende schön ist, können wir einen Ausflug machen.

b Wir denken, _____ Teamwork sehr wichtig ist.

c _____ er ein Kind war, spielt er regelmäßig Fußball.

d Wasch dir die Hände, _____ du zum Essen kommst.

e _____ die Kollegen nett sind, ist Marvin mit seiner Arbeit zufrieden.

f Er möchte Arzt werden, _____ er kein Blut sehen kann.

g Sie hört gern Musik, _____ sie kocht.

h _____ sie als Designerin arbeitete, hat sie Grafikdesign studiert.

6 Ordnen Sie die Sätze

Bringen Sie die Wörter in kursiv *(italics)* in die richtige Reihenfolge.

Beispiel
Überstunden / Beatriz / macht / Wenn /, werden sie extra bezahlt. →
Wenn Beatriz Überstunden macht /, werden sie extra bezahlt.

a *arbeitet / sie / viel im Team / Weil /*, ist sie mit ihrer Arbeit zufrieden.

b *sie / Da / benutzen / die neuesten Maschinen /*, ist die Arbeit körperlich nicht anstrengend.

c *Weil / selbstständig / Hannes / ist /*, arbeitet er oft am Wochenende.

d *sehr viel / arbeitet / Obwohl / er /*, mag Hannes seinen Job.

e *muss / Weil / abends / Julia / oft arbeiten /*, kann sie nicht ausgehen.

f *in einem Restaurant / gearbeitet / hat / Bevor / sie /*, hat sie bei der Post gejobbt.

g *bekommt / sie / Trinkgeld / Wenn /*, findet sie die Bezahlung OK.

h *Seitdem / joggt / regelmäßig / sie /*, ist sie fitter.

7 Und jetzt Sie. Seien Sie kreativ

Ergänzen Sie.

Beispiel
Bevor ich zum Deutschunterricht kam,
_____. →
Bevor ich zum Deutschunterricht kam, *habe ich einen Kaffee getrunken.*

a Bevor ich zum Deutschunterricht kam,
_____.

b Wenn es am Wochenende schön ist,
_____.

c Weil mein Smartphone kaputt ist,
_____.

d Während ich koche,
_____.

e Obwohl ich müde bin,
_____.

f Seitdem sie ins Fitnesscenter geht,
_____.

> **Mehr Vokabeln**
> *Arbeitswelt*
>
> | | |
> |---|---|
> | der Coworking Space (-s) | *shared workspace* |
> | der Freelancer (-) / die Freelancerin (-nen) | *freelancer* |
> | die EDV (no pl) | *IT, EDP* |
> | die Gewerkschaft (-en) | *trade union* |

Teil C

1 Lebenslauf. Welches Wort passt?

> Berufserfahrung – Praktika – Studium –
> Schulausbildung – Interessen und Hobbys –
> Persönliche Angaben – Fremdsprachen –
> EDV – Lehre

a _____ :   Musik, Reiten, Zeichnen

b _____ :   3 Monate als Intern bei der Firma Hohmann

c _____ :   Grundschule in Berlin; Jesse-Owens-Oberschule in Berlin.
                 Realschulabschluss, Note 2,5

d _____ :   Martina Ahrens, Kyffhäuserstr. 4, 10781 Berlin. Tel.: 017 654 258 772.
                 E-Mail: M.Ahrens4@gmail.de. Geb.: 2. März 1996

e _____ :   Englisch B1, Türkisch B2

f _____ :   Exzellente Kenntnisse der MS Office-Suite und Adobe Creative-Suite

g _____ :   3-jährige Ausbildung zum Friseur/Hairstylist bei der Firma *Haircult*, Düsseldorf

h _____ :   BSc Maschinenbau, Fachhochschule Nordwestschweiz. Abschlussnote: 2,2

i _____ :   2011–2013 *Strohmann and Co.* Projektmanager – Kundendialog
                 2013–2016 *DataTech.* Projektmanager – Professionalisierung
                 2016–2019 *DataTech.* Senior Projektmanager

2 Ein Bewerbungsschreiben

Anastasia Demski hat gerade ihr Studium abgeschlossen und bewirbt sich um einen Job bei *HHT Consulting*. Lesen Sie ihr Bewerbungsschreiben. In welchen Absätzen (1, 2, 3, 4) erwähnt sie das?

a   Ihre Soft Skills (___)

b   Berufserfahrung (___)

c   Wunsch nach einem persönlichen Gespräch (___)

d   Einleitung / Bezug auf die Anzeige (___)

Vokabeln	
das Bewerbungsschreiben (-)	written application
der Werkstudent (-en) / die Werkstudentin (-nen)	working (university) student
tätig sein	here: to work
zuverlässig	reliable
zielstrebig	determined
einen kühlen Kopf behalten	to keep a cool head
das Vorstellungsgespräch (-e)	(job) interview

Anastasia Demski
Steingasse 17a
69117 Heidelberg

HHT Consulting
Frau Britta Adam
Dorfstraße 7
72074 Tübingen

Bewerbung als Junior Marketing Managerin
Ihr Jobinserat auf *jobsearch.de* vom 2. Dezember 2018

Sehr geehrte Frau Adam,

hiermit möchte ich mich um die Stelle als Junior Marketing Managerin bei Ihrer Firma
bewerben. (1)

Ich habe dieses Jahr mein BWL-Studium an der Universität Heidelberg erfolgreich mit
der Note 1,2 abgeschlossen. Erste Erfahrungen im Marketing und Kommunikation
konnte ich bereits als Werkstudentin bei der Firma *Media + Arts* sammeln. Außerdem
habe ich ein 6-monatiges Praktikum bei der Firma *Scholz Consulting* gemacht, wo ich vor
allem im Bereich Online Marketing und Social Media tätig war. (2)

Ich würde mich als offenen, zuverlässigen und kommunikativen Menschen beschreiben.
Durch diverse Projekte konnte ich während meines Studiums meine Teamfähigkeit zeigen.
Wenn es stressig wird, behalte ich einen kühlen Kopf. Ich bin freundlich, flexibel und
zielstrebig und kann kreativ denken. (3)

Ihr Stellenangebot hat mich wegen meiner Begeisterung für den Bereich Marketing und
Social Media besonders angesprochen. Über die Möglichkeit zu einem persönlichen
Vorstellungsgespräch würde ich mich sehr freuen. (4)

Mit freundlichen Grüßen

Anastasia Demski

Anlagen:
Lebenslauf
Zeugnisse

Tipps für ein Bewerbungsschreiben

Ein Bewerbungsschreiben sollte maximal eine Seite lang sein und individuell sein. Es besteht meistens aus drei Teilen:

1 Einleitung: Man nennt den Grund der Bewerbung und bezieht sich auf die Stelle.

2 Hauptteil: Hier spricht man über Erfahrungen und sagt, warum man für den Job geeignet ist.
Wichtig ist auch, die sogenannten Soft Skills zu beschreiben.

3 Schluss: Am Ende äußert man den Wunsch nach einem persönlichen Vorstellungsgespräch. Unter Anlagen fügt man den Lebenslauf, Zeugnisse und andere relevanten Dokumente hinzu.
Und nicht vergessen: Für den Lebenslauf braucht man ein Passfoto.

Grammatik

Das Präteritum

1 Regelmäßige Verben
Endungen für regelmäßige Verben sind: ich leb**te**, du leb**test**, Sie leb**ten**, er/sie/es leb**te**, wir leb**ten**, ihr leb**tet**, Sie leb**ten**, sie leb**ten**.

2 Unregelmäßige Verben – Vokalwechsel
Unregelmäßige Verben haben einen Vokalwechsel: kommen → kamen. Es gibt keine Endungen für **ich** und **er/sie/es**: ich kam, du kam**st**, Sie kam**en**, er/sie/es kam, wir kam**en**, ihr kam**t**, Sie kam**en**, sie kam**en**.

3 Mischverben
Mischverben wie **denken, kennen, wissen** haben Endungen wie die regelmäßigen Verben, aber auch einen Vokalwechsel: denken → dachte: ich dach**te**, du dach**test**, Sie dach**ten**, er/sie/es dach**te**, wir dach**ten**, ihr dach**tet**, Sie dach**ten**, sie dach**ten**.

4 Extra -e
Endet der Stamm von einem regelmäßigen Verb auf **-d, -n, -t** oder **-m**, braucht man ein extra **-e** vor der relevanten Endung: ich red**ete**, Sie post**eten**, es regn**ete**, wir atm**eten**.

3 Regelmäßige Verben im Präteritum

Ergänzen Sie die Endungen.

a Früher leb**te** ich auf dem Land.
b Als Kind spiel_____ ich viel Fußball.
c Er koch_____ sehr gut.
d Sabrina studier_____ in Heidelberg.
e Wir diskutier_____ die ganze Nacht.
f Ihr Abitur mach_____ sie mit einer guten Note.

g Nach dem Konzert post_____ Miriam gleich eine Nachricht.
h Gestern arbeit_____ ich von 8.00 bis 19.00 Uhr.
i Wir verabred_____ uns um 17.00 Uhr im Café.
j Wohn_____ Sie nicht in Köln?
k Interessier_____ du dich früher nicht für Computerspiele?
l Dann frag_____ Safiyah: „Sorry, was mein_____ du?"

4 Wichtige unregelmäßige Verben

Wie heißen die Verben im Präteritum in der
ich und **er/sie/es**-Form? Ergänzen Sie.

e → a	i → a	ei → ie	a → u
bewerben – _____	finden – _____	bleiben – _____	fahren – _____
essen – _____	schwimmen – *schwamm*	heißen – _____	waschen – _____
helfen – _____	singen – _____	scheinen – _____	wachsen – *wuchs*
lesen – _____	sitzen – *saß*	schreiben – *schrieb*	tragen – _____
nehmen – *nahm*	trinken – _____	steigen – *stieg*	
sehen – _____		treiben – _____	**Achtung – Ausnahmen:**
sprechen – _____			gehen – ging
stehen – _____			kommen – kam
treffen – _____			
vergessen – *vergaß*			

5 Üben Sie

Setzen Sie die Verben in den Klammern ins
Präteritum.

a Am Wochenende *half* er den Kindern bei
den Hausaufgaben. (helfen)

b Zum Frühstück _____ Nora gestern
Rührei mit Toast. (essen)

c Früher _____ hier ein Schule. (stehen)

d Weißt du noch, wie die Band _____ ?
(heißen)

e Als Kind _____ Axel mit der linken Hand.
(schreiben)

f Hilal und Tilmann _____ sehr spät zu der
Party. (kommen)

g Heute morgen _____ wir mit der U-Bahn.
(fahren)

h Er _____ zu Fuß nach Hause. (gehen)

i Wie _____ du den Film? (finden)

j Ich _____, dass er sehr trendy _____ .
(finden / aussehen)

k Nach unserem Fitnesskurs _____ wir
noch einen Smoothie und _____ einen
Salat. (trinken / essen)

6 Ein Tagebuch

Lesen Sie Mirjams Tagebuch und setzen Sie
die fehlenden Verben ein.

> ~~telefonierte~~ – sah – stand – aß – aßen –
> ging – ging – gingen – fuhr – trank – duschte –
> hatten – dauerte – sprach – traf – schien

Heute Morgen **1** _____ ich um 8 Uhr auf und
2 _____ mich. Zum Frühstück **3** _____ ich einen
grünen Tee und **4** _____ ein Toastbrot mit
Marmelade. Um Viertel vor neun **5** _____ ich
aus dem Haus und **6** _____ mit der U-Bahn zur
Arbeit. Am Vormittag **7** *telefonierte* ich viel mit
Kunden.
Nach dem Mittagessen **8** _____ wir ein Meeting.
Carsten, unser Chef, **9** _____ wieder viel zu
lange – ein richtiger Angeber. Gut, dass das
Meeting nicht so lange **10** _____.
Um 18 Uhr **11** _____ ich Sonja. Wie jeden
Donnerstag **12** _____ wir zusammen ins
Fitnessstudio, danach **13** _____ wir noch eine
Pizza. Sonja hat einen neuen Freund, er soll sehr
nett sein. Sie **14** _____ sehr glücklich.
Später **15** _____ ich noch ein wenig fern. Gegen
11 Uhr **16** _____ ich ins Bett.

7 Und jetzt Sie

Wie war Ihr Tag? Schreiben Sie einen Tagebucheintrag. Er kann real oder fiktiv sein. Sie können sich auch vorstellen, eine andere Person zu sein, zum Beispiel ein Film- oder Musikstar.

💬 Und jetzt Sie. Mein Mini-Projekt

Ein Sprachstipendium

Sie haben die folgende Anzeige gesehen:

Sprachstipendien für Deutsch als Fremdsprache

Wir bieten 5 Stipendien für Deutschlerner für einen Sprachkurs in Hannover an.

Das Stipendium beinhaltet:

- Intensivkurs (4 Wochen)
- kostenlose Unterkunft und Verpflegung
- einen einmaligen Zuschuss zu den Reisekosten

Bewerbung. Erklären Sie uns kurz:

- wie lange Sie Deutsch lernen und auf welchem Niveau Sie sind
- was Sie an der deutschen Sprache mögen
- wie Sie sich selber beschreiben würden
- warum Deutschkenntnisse für Ihr Studium / Ihren Beruf wichtig sind
- wie Sie Deutsch in der Zukunft gebrauchen können

Schicken Sie ein Bewerbungsschreiben per E-Mail an Juliane Peters: j.peters@szfds.de

---

Die folgenden Redewendungen können Ihnen bei der Bewerbung helfen. Sehen Sie auch das Bewerbungsschreiben auf Seite 47.

Sehr geehrte Frau Peters,
hiermit möchte ich mich um ein Stipendium für… bewerben.
Ich lerne Deutsch seit …
Zuerst habe ich es in der Schule / in einem Sprachkurs …
Ich habe jetzt die Niveaustufe …

An der deutschen Sprache mag ich …
Ich denke, dass die deutsche Sprache …
Ich würde mich als … beschreiben.
Außerdem/Zusätzlich/Daneben …
Da ich später in Deutschland studieren möchte / meinen Masters in Deutschland machen möchte …
Deutschkenntnisse sind für meine weitere berufliche Laufbahn sehr/extrem wichtig, da …
In der Zukunft hoffe ich, dass ich …
Über die Möglichkeit zu einem persönlichen …

Testen Sie sich

Am Ende von jedem Kapitel können Sie testen, was Sie gelernt haben. Es gibt immer 30 Punkte.

1 Berufe und Tätigkeiten

Was passt zusammen? Bilden Sie Sätze.

Ein Fitnesstrainer	leitet	Leute im Fitnesscenter.
Eine Juristin	coacht	Waren.
Eine Managerin	verkauft	oft ein Team.
Ein Verkäufer	betreut	Leute in Rechtsfragen.
Ein Altenpfleger	berät	ältere Leute.

___ / 4

2 Welches Wort passt am besten?

Fähigkeiten – Sozialleistungen – Tätigkeiten – Erwartungen an den Beruf – ~~Lebenslauf~~

a _____: Multitasking, Zeitmanagement, Geduld

b *Lebenslauf*:   Praktika, Berufserfahrung, Interessen und Hobbies

c _____: Urlaubsgeld, Krankenversicherung, Rente

d _____: Heizungen installieren, Geld anlegen, Kunden beraten

e _____: gute Work-Life-Balance, gute Karrierechancen, gutes Gehalt   ___ / 4

3 Was passierte?

Setzen Sie die Sätze ins Präteritum.

Beispiel: Ich arbeite bis 17.00 Uhr. → Ich *arbeitete* bis 17.00 Uhr.

a Dann fahre ich nach Hause.

b Zu Hause lese ich meine Messages.

c Um 6 Uhr kommt mein Freund.

d Wir kochen etwas zusammen.

e Um 9 Uhr gehen wir ins Kino und danach trinken wir noch etwas.   ___ / 6

4 Endungen im Präteritum

Ergänzen Sie.

(i) **Regelmäßige** Verben: ich mach**te**, du mach___, Sie mach___, er/sie/es mach___, wir mach___, ihr mach___, Sie mach___, sie mach**ten**.

(ii) **Unregelmäßige** Verben: ich ging, du ging___, Sie ging___, er/sie/es ging___, wir ging___, ihr ging___, Sie ging___, sie ging**en**.   ___ / 6

5 Schreiben Sie die Sätze um
Beginnen Sie mit dem Nebensatz.

Beispiel: Sie arbeitet gern hier, weil die Arbeitszeiten flexibel sind. →
Weil die Arbeitszeiten flexibel sind, arbeitet sie gern hier.

a Sie spricht nicht so gut Spanisch, obwohl sie in Sevilla gelebt hat.

b Er hat viele Praktika gemacht, während er studierte.

c Er ist abends immer müde, seitdem er mit dem Fahrrad zur Arbeit fährt.

d Sie arbeitet bei einer internationalen Firma, da sie im Ausland leben möchte.   ___ / 4

6 Und zum Schluss: Wissen und Kultur
Sind die folgenden Aussagen richtig oder falsch?

a Der Lebenslauf beginnt meistens mit den persönlichen Angaben.

b Normalerweise legt man kein Foto bei.

c In Deutschland schreibt man den Lebenslauf meistens chronologisch – man beginnt mit der
Schulzeit und zum Schluss schreibt man, was man im Moment macht.

d Ein Bewerbungsschreiben soll zwei Seiten lang sein.

e Soft Skills soll man im Bewerbungsschreiben nicht erwähnen.

f Am Schluss von einem Bewerbungsschreiben äußert man den Wunsch nach einem
persönlichen Gespräch.   ___ / 6

Gesamt
___ / 30

Auswertung: 25–30 Punkte: Großartig. Fangen Sie schnell mit Kapitel 5 an. 17–24 Punkte: Sehr gut.
Wiederholen Sie noch einmal die Punkte, die Sie nicht verstanden haben. 16 Punkte und weniger: Gut
gemacht. Wir würden aber vorschlagen, dass Sie dieses Kapitel noch einmal gründlich wiederholen.

5 | Berlin ist eine Reise wert

Teil A

1 Top-Sehenswürdigkeiten

Was passt?

1 Der Fernsehturm	a hier tagt das deutsche Parlament.
2 Der Kudamm	b ist das Wahrzeichen der Stadt.
3 Die East Side Gallery	c ist eine Gedenkstätte für die 6 Millionen ermordeten Juden im 2. Weltkrieg.
4 Das Holocaust-Mahnmal	d hier befinden sich mehrere bekannte Museen, zum Beispiel das Pergamonmuseum.
5 Die Museumsinsel –	e ist eine Open-Air-Galerie auf einem Teil der alten Berliner Mauer.
6 Der Reichstag –	f ist das höchste Gebäude von Berlin.
7 Das Brandenburger Tor	g ist eine beliebte Shoppingmeile.
8 Der Potsdamer Platz –	h ist das größte Kaufhaus auf dem europäischen Festland.
9 Das KaDeWe	i hier befinden sich moderne, interessante Gebäude, zum Beispiel das Sony-Center.

2 Wie heißt das Wort?

a Eine Veranstaltung, wo sehr viele Menschen kommen: eine G r __ __ v e r a n s t a l t u n g

b Eine Kollektion im Museum: eine S a __ m - l __ n g

c Ein anderes Wort für Luxusmarke: die __ o b __ l m __ r k e

d Den Reichstag besuchen: den Reichstag b e s __ c h t __ g e n

e Das Museum ist nicht geschlossen: es ist g e __ f f n __ __

f Ein anderes Wort für ‚Einkaufsstraße': die S h __ p p __ __ g m e i l __

g Ein Denkmal, das an ein negatives Ereignis erinnert: ein M __ h n m __ l

h Ein 360-Grad-Blick: ein P a __ o r __ m a - b l __ __ k

i Ein sehr bekanntes Gebäude in einer Stadt, zum Beispiel der Eiffelturm in Paris: ein W __ hr __ e i __ __ e n

3 Buddy Bären in Berlin

Lesen Sie den Text und beantworten Sie die Fragen.

a Wo kann man die Buddy Bären in Berlin finden?

b Seit wann gibt es sie?

c Warum hat man den Bären als Wappentier gewählt?

d Was sollen sie symbolisieren?

e Was passiert mit den Geldern aus den verschiedenen Buddy-Bär-Aktionen?

Die Berliner Buddy Bären

Man sieht sie überall in Berlin – auf Straßen und Plätzen, vor Hotels und in Geschäften: die Berliner Buddy Bären. Hunderte von ihnen gibt es in der Stadt in verschiedenen Größen und Posen, jeder Bär ist anders und individuell bemalt.

Die Idee entstand 2001 für eine Kunstaktion, als man 350 Bären in der Stadt aufstellte. Weil die Bären so gut bei den Berlinern und Touristen ankamen, verlängerte man die Aktion mehrmals. Seit 2010 sind sie nun ein permanentes Feature in der deutschen Hauptstadt.

Dass man den Bären als Tier wählte, ist keine Überraschung, denn er ist seit etwa 1280 das Wappentier der Stadt und man sieht ihn auf der Berliner Fahne, offiziellen Dokumenten und vielen Souvenirartikeln.

Doch die Buddy Bären gibt es nicht nur in Berlin. Sie reisen auch in verschiedene Teile der Welt und man kann sie unter anderem auch in Shanghai, Buenos Aires, Istanbul, Paris oder Neu-Delhi sehen.

Außerdem heißen sie Besucher in vielen deutschen Botschaften, zum Beispiel in Washington oder Brasilia, willkommen.

Denn die Bären sollen mehr sein als nur Kunstobjekte: Sie stehen für Offenheit, Toleranz und internationale Völkerverständigung. Gelder aus den verschiedenen Buddy-Bär-Aktivitäten gehen an eine Charity. Bislang sind weit über 2 Millionen Euro für UNICEF und andere lokale Hilfsorganisationen zusammengekommen.

Mehr Informationen:
www.buddy-baer.com/de

Vokabeln

die Pose (-n)	*pose*
bemalen	*to paint (sth. on) sth.*
auf|stellen	*to put up, to erect*
das Wappentier (-e)	*heraldic animal*
die Botschaft (-en)	*embassy*
die Völkerverständigung (-en)	*international understanding*
zusammen|kommen	*here: to collect*

4 Wie heißen die Präpositionen?

an – auf – hinter – i̶n̶ – neben – über – unter – vor – zwischen

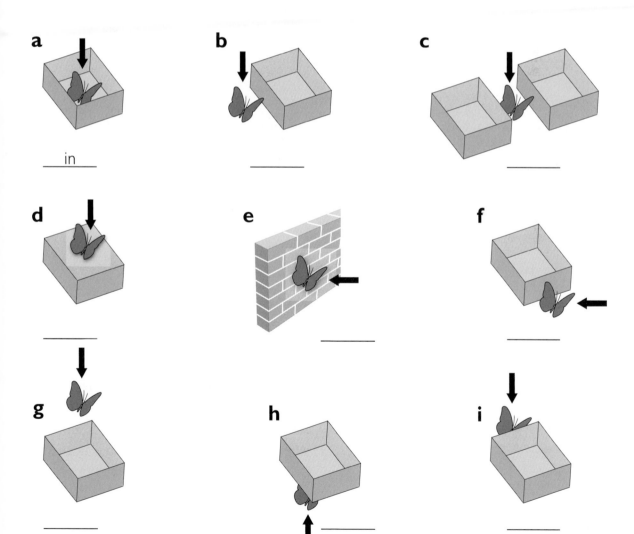

a ___in___

b _____

c _____

d _____

e _____

f _____

g _____

h _____

i _____

Grammatik (1)

Wechselpräpositionen

1 Es gibt neun Präpositionen im Deutschen, die den Fall/Kasus (*case*) wechseln:

an *at, on*
auf *on, on top of*
hinter *behind*

in *in, inside*
neben *next to, beside*
über *above, over, across*

unter *under, among*
vor *in front of, before*
zwischen *between*

2 Sie brauchen entweder den Akkusativ oder Dativ:

Akkusativ – Wohin …? Fokus auf Bewegung/Richtung:	**Dativ** – Wo …? Fokus auf Position:
Ich stelle das Glas **auf den** Tisch.	Das Glas steht **auf dem** Tisch.

3 Die folgenden Richtungs- und Positionsverben benutzt man oft:

Richtungsverben – Wohin …?		**Positionsverben** – Wo …?	
legen		liegen	
stellen	**+ Akkusativ**	stehen	**+ Dativ**
setzen		sitzen	
hängen		hängen	

Ich **lege** das Hemd **in den** Schrank.	Das Hemd **liegt im** Schrank.
Ich **stelle** den Koffer **unter das** Bett.	Der Koffer **steht unter dem** Bett.
Sie **setzt** sich **auf den** Stuhl.	Sie **sitzt auf dem** Stuhl.

5 Richtungsverb oder Positionsverb?

Setzen Sie das passende Verb ein.

Beispiel
stehen oder *stellen?*
Die Blumen *stehen* auf dem Tisch.
Die Kinder *stellen* die Blumen auf den Tisch.

a *legt* oder *liegt?*
Er _____ die Brille ins Regal.
Die Brille _____ im Regal.

b *wartet* oder *geht?*
Er _____ über die Brücke.
Er _____ auf der Brücke.

c *sitzt* oder *setzt?*
Sie _____ auf der Bank.
Sie _____ sich auf die Bank.

d *steht* oder *fährt?*
Sie _____ das Auto in die Garage.
Das Auto _____ in der Garage.

e *liegen* oder *legen?*
Sie _____ in der Sonne.
Sie _____ sich in die Sonne.

f *treffen* oder *gehen?*
Sie _____ sich in der Kneipe.
Sie _____ in die Kneipe.

Sehen Sie sich die Sätze noch einmal an. Welche stehen im Akkusativ und welche im Dativ?

An welchen Endungen kann man den Akkusativ und den Dativ erkennen?

6 Akkusativ und Dativ

Wie heißen die typischen Endungen für die Artikel?

Akkusativ	Dativ
(m) – d____	(m) – d____
(f) – d____	(f) – d____
(nt) – d____	(nt) – d____
(pl) – die	(pl) – d____

7 Und jetzt Sie

Marianne sucht ihre Fitnessuhr. Helfen Sie ihr. Schreiben Sie und sprechen Sie dann.

Beispiel
Habe ich die Fitnessuhr ins Regal gelegt? →
Nein, im Regal liegt sie nicht.

a Habe ich sie in die Sporttasche getan?

Nein, _____ _____ Sporttasche ist sie nicht.

b Habe ich sie auf den Schreibtisch gelegt?

Nein, _____ _____ Schreibtisch ist die Uhr nicht.

c Habe ich sie vielleicht auf den Stuhl gelegt?

Nein, _____ .

d Habe ich sie unter das Bett gelegt?

Nein, _____ .

e Habe ich die Uhr vielleicht in die Wäsche getan?

Nein, _____ .

f Mmh, habe ich sie neben den Laptop gelegt?

Nein, _____ .

g Habe ich sie vor das Telefon gelegt?

Nein, _____ .

h Habe ich sie auf die Spielekonsole gelegt?

Oh, ja, sie liegt _____ .

Mehr Vokabeln
Redewendungen mit *auf* und *an*

Die Vase steht auf dem Tisch.
Er trägt eine Mütze auf dem Kopf.
Ich parke mein Auto nie auf der Straße.

Das Poster hängt an der Wand.
London liegt an der Themse.
Ich fahre ans Meer, an die Ostsee, an den Atlantik.

Teil B

I Adjektive

Welche Wörter haben eine ähnliche Bedeutung?

---
toll – spannend – ehemalig – modern –
~~beeindruckend~~ – beliebt – günstig –
cool – überfüllt
---

a großartig: *beeindruckend*
b aufregend: _____
c früher: _____
d zu voll: _____
e super: _____
f populär: _____
g billig: _____
h zeitgenössisch: _____
i hipp: _____

2 Welches Wort passt nicht?

a Anreise: *Bahn, Fernbus, Flug, ~~Hotel~~*
b Unterkunft: *Hostel, Airbnb, KaDeWe, Hotel*
c Begleitprogramm: *Führung, Ingenieurkongress, Stadtrundfahrt, Museumsbesuch*

d Ausgehen: *Club, Musical, Berlin-Mitte, Flugverbindung*

e Öffentlicher Verkehr: *Taxi, Schalter, Automat, Bushaltestelle*

f Touristenrekord: *Übernachtungen, Besucherzahlen, Rückgang, Übernachtungsgäste*

g Reiseziel Berlin: „*Mythos*", '*the place to be*', *Coolness, Wiederaufbau*

Grammatik

Präpositionen mit Akkusativ / mit Dativ

I Immer den Akkusativ brauchen:
bis *until*; **durch** *through*; **für** *for*; **gegen** *against*; **ohne** *without*; **um** *around, at*

2 Immer den Dativ brauchen:
aus *from, out of*; **außer** *apart from*; **bei** *at, near*; **gegenüber** *opposite*; **mit** *with ('by' for means of transport)*; **nach** *after, to*; **seit** *since, for*; **von** *from*; **zu** *to*

3 Nicht vergessen:
Die folgenden Präpositionen verkürzt man normalerweise:

| an dem → am | in das → ins | bei dem → beim | von dem → vom | zu der → zur |
| | in dem → im | | | zu dem → zum |

Man kann auch andere Präpositionen mit den Artikeln verkürzen. Aber Vorsicht! Die Verkürzungen benutzt man meistens nur in einem *informellen* Kontext:
auf das → aufs, um das → ums, auf das → aufs, hinter das → hinters, über das → übers

4 Lerntipp:
Merksätze (*Mnemonics*) können beim Lernen helfen, zum Beispiel:

Akkusativ: BUF DOG – B (bis) U (um) F (für) D (durch) O (ohne) G (gegen)
Dativ: Herr *von* und *zu* SNAMBAG – von, zu, S (seit) N (nach) A (aus) M (mit) B (bei) A (außer) G (gegenüber)

3 Wie heißen die Endungen im Akkusativ?

a Sie bleiben für ein___ Woche.
b Das Fitnesscenter ist hier gleich um d___ Ecke.
c Anne ist ohne ihr___ Partner gefahren.
d Das T-Shirt ist für sein___ Bruder.

e Es ist spannend, durch d___ Stadt zu laufen.
f Gehen wir durch d___ Park nach Hause?
g Mach's gut. Bis nächst___ Wochenende.
h Er fährt nie ohne sein___ Laptop in d___ Urlaub.

Und Sie? Ohne welche Dinge fahren Sie nie in den Urlaub?

4 Welche Präposition fehlt?

> nach – ~~seit~~ – zum – außer – aus – von –
> mit – nach – gegenüber

a Den Club gibt es **seit** etwa 15 Jahren.

b Wie kommen wir am schnellsten _____ Olympiastadion?

c Fahren Sie am besten _____ der U-Bahn.

d _____ dem Kino wollen wir noch ausgehen.

e Die Bushaltestelle liegt direkt _____ der Wohnung.

f _____ Lea sind Linda und Kai gekommen.

g Es gibt viele günstige Direktflüge _____ Großbritannien _____ Berlin.

h Viele Berlin-Touristen kommen _____ dem Ausland.

5 Ein Interview

Ergänzen Sie die Endungen.

a *Reporter:* Wie lange sind Sie schon in Berlin?
Touristin: Wir sind seit ein____ Tag in Berlin.

b *Reporter:* Was für eine Unterkunft haben Sie?
Touristin: Wir wohnen in ein____ Airbnb-Wohnung nicht weit vo____ Zentrum.

c *Reporter:* Wie sind Sie nach Berlin gekommen?
Touristin: Wir sind mit d____ Fernbus gefahren, weil es günstiger als mit d____ Zug war.

d *Reporter:* Was haben Sie schon unternommen?
Touristin: Wir sind durch d____ Zentrum gegangen und haben auch eine Führung durch d____ Nikolaiviertel gemacht. Wir sind auch i____ Pergamonmuseum gewesen.

e *Reporter:* Wie lange bleiben Sie noch und was haben Sie noch vor?
Touristin: Wir bleiben für ein____ Woche. Die Reise ist ein Geschenk für mein____ Mann. Wir wollen auf jeden Fall noch in d____ Reichstag gehen und auf d____ Fernsehturm fahren.

6 Unser Wochenende in Berlin

Susanne, Magda, Leon und Robert planen, ein langes Wochenende in Berlin zu verbringen. Susanne hat ein Programm gemacht. Lesen Sie den Text und beantworten Sie die dann die Fragen.

Zeitpunkt: 5.–7. August

Anreise: per Flugzeug

Unterkunft: Hotel im Zentrum

Tag 1: Wir nehmen die Frühmaschine und kommen um 10.30 in Berlin an. Als erstes fahren wir zum Hotel und checken ein. Nachmittags machen wir eine Stadtrundfahrt mit dem Bus, um Berlin besser kennenzulernen. Abends gehen wir in den „Wintergarten" – das ist ein Varieté-Theater mit Tanz, Akrobatik und Musik.

> **Tag 2:** Morgens geht es zum Brandenburger Tor. Das ist ein Muss! Anschließend zum Reichstag und zur East-Side-Gallery und ins Mauermuseum. Wir möchten mehr über die Geschichte der Mauer erfahren. Nachmittags machen wir verschiedene Sachen: Magda und Leon gehen auf dem Kudamm shoppen, Robert und ich machen eine Schifffahrt auf der Havel. Abends gehen wir zusammen in ein Restaurant in Berlin-Mitte und anschließend clubben.
>
> **Tag 3:** Morgens geht es auf den Flohmarkt „Straße des 17. Juni". Vielleicht finden wir hier noch ein altes Stück der Berliner Mauer? Dann fahren wir zum Potsdamer Platz: Kultur, Shoppen, Restaurants – hier finden wir alles. Wir machen noch einen kleinen Spaziergang. Dann um 18.00 müssen wir leider wieder am Flughafen sein.

Richtig oder falsch? Korrigieren Sie die falschen Antworten.

	R	F
a Sie kennen Berlin schon sehr gut.		
b Für Geschichte interessieren sie sich nicht.		
c Sie planen, alles zusammen zu unternehmen.		
d Sie gehen die ersten beiden Abende aus.		
e Den letzten Tag wollen sie bis 18.00 Uhr am Potsdamer Platz verbringen.		

> **Mehr Vokabeln**
> *Tourismus*
>
> die Sehenswürdigkeit (-en) sight
> die Schifffahrt (-en) boat trip
> die Gruppenreise (-n) group tour
> das Touristenticket (-s) tourist ticket

Teil C

▌ Berlin – eine Zeitleiste

> ~~Gründung~~ – Fall der Mauer – 775. Stadtjubiläum – blühende Handelsstadt – „Goldene Zwanziger" – Zerstörung – Hauptstadt des Deutschen Reiches – ~~Wiederaufbau~~ – Bau der Mauer – Diktatur der Nationalsozialisten – ~~Hauptstadt der Bundesrepublik~~

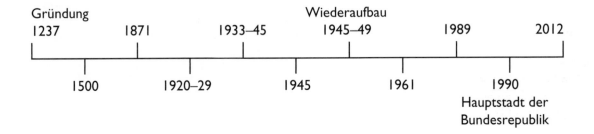

Gründung			Wiederaufbau		
1237	1871	1933–45	1945–49	1989	2012
1500	1920–29	1945	1961	1990	

1990 Hauptstadt der Bundesrepublik

2 Nomen und Verben

Ergänzen Sie.

a die Wahl – _____

b der Bau – _____

c der Wiederaufbau – *wiederaufbauen*

d der _____ – fallen

e der Beginn – _____

f *die Gründung* – gründen

g die _____ – teilen

h die _____ – zerstören

i die Trennung – _____

3 Setzen Sie die Verben ins Präteritum.

a Berlin **gründete** man im Jahre 1237. (gründen)

b Nach der Weimarer Republik _____ 12 Jahre Diktatur. (folgen)

c 1945 _____ die Alliierten die Stadt in vier Teile. (trennen)

d Man _____ die Mauer am 13. August 1961. (bauen)

e Sie _____ am 9. November 1989. (fallen)

f Nach dem Mauerfall _____ es Berlin wirtschaftlich lange nicht so gut. (gehen)

g Doch die Stadt _____ immer hipp. (sein)

h In den letzten Jahren _____ immer mehr Touristen. (kommen)

i Auch die Wirtschaft _____ sich. (erholen)

Grammatik

Der Genitiv – Überblick

1 Endungen
- maskulin, neutrum: **-es**   des Mann**es**, meines Kind**es** (Nomen mit einer Silbe)

  -s   des Vater**s**, seine**s** Auto**s**
- feminin und Plural: **-er**   d**er** Frau, ih**rer** Tochter

  d**er** Kinder, unse**rer** Töchter

2 Apostroph
Normalerweise benutzt man keinen Apostroph bei Namen:
Hamburg**s** Nachtleben, Shakespeare**s** Theaterstücke

3 Präpositionen
Auch einige Präpositionen brauchen den Genitiv, zum Beispiel **statt** *instead*, **trotz** *in spite of*, **während** *during*, **wegen** *due to*.

4 Dativ-Ersatz
Als Alternative zum Genitiv benutzt man oft **von** + **Dativ**:
Das ist das Haus **seines Bruders**. → Das ist das Haus **von seinem Bruder**.

Tipp – Gebrauch *(usage)*
Den Genitiv benutzt man meistens im formellen Deutsch und mehr in der schriftlichen Sprache. So findet man ihn oft in offiziellen Dokumenten, Titeln („die Präsidentin des Festivals") oder in Zeitungsartikeln.

4 Was passt zusammen?

1 Ich kann mich an den Namen des	**a** Smartwatch ist gut.
2 Die Reparatur unseres	**b** Restaurants nicht mehr erinnern.
3 Der Besitzer des	**c** Sohnes ist sehr hell.
4 Das Display der	**d** Autos kostete 700 Euro.
5 Die neue Wohnung meines	**e** Geschäfts kommt aus dem Iran.
6 Sehen wir uns Anfang des	**f** Freunde ist ihm sehr wichtig.
7 Das Wahrzeichen der	**g** Monats?
8 Die Meinung seiner	**h** Stadt ist der Dom.

5 Sagen Sie es anders

Ersetzen Sie den Dativ (von + Namen) mit dem Genitiv. Schreiben Sie und sprechen Sie dann.

Beispiel
Das ist die Freundin von Marc. →
Das ist Marcs Freundin.

a Das war die Idee von Fahdel.

_____

b Ich mag die Theaterstücke von Shakespeare.

_____

c Sie liest den Lebenslauf von Vanessa.

_____

d Er trägt die Sneakers von Jakob.

_____

e Kennst du die Töchter von Marianne?

_____

f Ist das die Brille von Lisa?

_____

g Was sind die Hobbys von Martin?

_____

6 Nachrichten aus Berlin

Hier sind vier Kurztexte über Berlin. In jedem Satz gibt es einen Genitiv. Lesen Sie die Texte und unterstreichen Sie den Genitiv.

Vokabeln	
die Trockenheit (-en)	*dryness, drought*
der Waldbrand (-¨e)	*forest fire*
der Verkehrsunfall (-¨e)	*traffic accident*
betragen	*here: to amount to*
trotzig	*defiant, stubborn*

Sommerhitze für den Ferienstart

Meteorologen *des Deutschen Wetterdienstes* rechnen auch weiterhin mit viel Sonne für Berlin. Während *des Tages* können die Temperaturen morgen bis auf 32 Grad ansteigen. In der Umgebung von Berlin besteht wegen der Trockenheit die Gefahr von Waldbränden. Am Beginn des Wochenendes kann es regnen und zu Gewittern kommen.

Mehr Wohnungen für Berlin

Weil immer mehr Wohnungen fehlen, will der Berliner Senat die Zahl der neuen Stadtquartiere erhöhen. *Statt der geplanten 30.000 Wohnungen* sollen nun 45.000 neue Wohnungen gebaut werden. Das geht aus einem Dokument des Senats hervor. Trotz der Erhöhung glauben Kritiker, dass dies nicht genug ist.

Mehr tödliche Fahrradunfälle

Seit Beginn des Jahres sind bereits acht Radfahrer bei Verkehrsunfällen in Berlin ums Leben gekommen. Das teilte eine Sprecherin des Allgemeinen Deutschen Fahrradclubs mit. Letztes Jahr betrug die Zahl der toten Radfahrer insgesamt sieben. Das höchste Risiko gibt es in der Gruppe der Senioren – sechs von den acht Verkehrstoten waren Rentner.

Berliner sind mit ihrer Stadt zufrieden

Trotz einiger Probleme wie Infrastruktur oder Armut sind die Berliner mit ihrer Stadt zufrieden. Nach einer Studie des Instituts *Polldoc* leben 55% sehr gern und etwas 25% gern in der Stadt. Nur etwa 10% der Berliner wohnen ungern in der Hauptstadt. Die Autoren des Reports sprechen von einer „trotzigen Liebe" zu Berlin.

7 Eine Stadt und ihre Bewohner

Welches Adjektiv passt am besten?

alternative – ehrlich – soziale – echte – individuell – hoch – humorvoll – wirtschaftliche – schroff – kulturelles – multikulturell – tolerant

a Die Berliner haben Humor. – Sie sind
   _____ .

b Sie sagen, was sie denken. – Sie sind
   _____ .

c Die Bewohner sind offen und verständnisvoll.
   – Sie sind _____ .

d Die Leute sind zu direkt und unfreundlich. –
   Die Leute sind _____ .

e Sie ist in Berlin geboren. – Sie ist eine
   _____ Berlinerin.

f Die Stadt ist gemischt und hat Einwohner aus
   der ganzen Welt. – Die Stadt ist _____ .

g Die Menschen haben ihren eigenen Stil und
   ihre eigene Meinung. – Sie sind _____ .

h Es gab viele Arbeitslose. – Die _____
   Lage war nicht so gut.

i Die Mietpreise sind stark gestiegen. – Die
   Mieten sind sehr _____ .

j Es gibt große Unterschiede zwischen
   Arm und Reich. – Es gibt _____
   Unterschiede.

k Das Angebot an Kultur ist fantastisch. – Es
   gibt ein fantastisches _____ Angebot.

l Neben dem Mainstream gibt es viele andere
   Ideen und Orte. – Es gibt _____
   Lebensweisen.

💬 Und jetzt Sie.
Mein Mini-Projekt

PR für meine Stadt

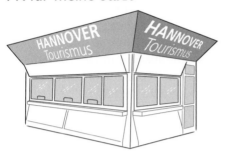

Sie arbeiten im Verkehrsamt Ihrer Stadt
(oder einer Stadt, die Sie gut kennen).
Die Marketingabteilung möchte eine
PR-Kampagne für die Stadt starten, um
deutschsprachige Touristen anzulocken. Für
einen Flyer sollen Sie vier kurze Texte zu
den folgenden Punkten schreiben:

1. Wir heißen Sie willkommen
2. Kultur und mehr – für jeden etwas
3. Unsere Geschichte
4. Die Umgebung

Die folgenden Redemittel können Ihnen helfen:

Mehr Vokabeln
Berlinerisch

ick, icke	*Berlin dialect for 'ich'*
der Kiez (-e)	*what Berliners call their part of town*
das Kaff (-s)	*a boring small town*
die Schrippe (-n)	*Berlin dialect for bread roll*
sich verkrümeln	*to go away, to slip away unnoticed*

---

2. Kultur und mehr – für jeden etwas

*XY bietet für jeden etwas. Wir haben … ,
aber auch …
Etwas ganz Besonderes ist/sind …
Und wenn Sie sich für … interessieren,
können Sie …*

---

3. Unsere Geschichte

*Unsere Stadt hat Tradition. Gegründet
wurde sie …
Ein ganz wichtiges Ereignis / Wichtige
Ereignisse waren …
Wussten Sie, dass … in XY gelebt hat / hier
der/die/das … erfunden wurde?*

---

1. Wir heißen Sie willkommen

*Willkommen in XY. Die Stadt liegt … und
hat … Einwohner.
Unsere Stadt ist bekannt für …
Sie hat Charme / Flair / eine lange
Geschichte …
Unsere Einwohner sind/haben …*

---

4. Die Umgebung

*Auch in unserer Umgebung kann man viel
machen …
Nicht weit von XY liegt … Dort …
Andere leicht zu erreichende Attraktionen
sind …*

8 Und jetzt Sie

Lesen Sie die Sätze von Übung 7 noch einmal. Welche Aussagen treffen auf Ihre Stadt und die Bewohner zu? Was ist anders? Sind Sie in der Stadt, in der Sie leben, geboren? Sind Sie also ein echter Londoner/Warschauer/Madrilene etc. oder eine echte Londonerin/ Warschauerin/Madrilenin etc.?

Testen Sie sich

Am Ende von jedem Kapitel können Sie testen, was Sie gelernt haben. Es gibt immer 30 Punkte.

I **Wie heißt das Wort?**

    a Macht man, um eine Stadt kennenzulernen: eine S t __ __ __ r u n d __ __ __ __ __

    b Wo man wohnt: die U n t __ __ k __ __ __ __ __

    c Dort bekommt man Fahrkarten: der A __ t __ m __ t

    d Man hat einen Guide: eine F ü __ r __ __ __ __

    e Erinnert an ein wichtiges Ereignis: ein D __ __ __ m a __   __ / 5

2 **Wohin gehören die Präpositionen?**

    Ein ½ Punkt für jede richtige Antwort.

> in – über – um – von – zwischen – aus – für
> – gegenüber

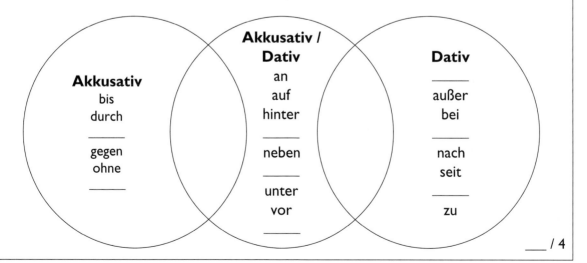

    __ / 4

3 Akkusativ oder Dativ?

Ergänzen Sie die Endungen.

a Er legt das Handy auf d**en** Tisch. Das Handy liegt auf d___ Tisch.

b Die Schuhe stehen unter d___ Bett. Er stellt die Schuhe unter d___ Bett.

c Das Berlin-Shirt ist für sein___ Sohn. Er trainiert mit sein___ Sohn.   ___ / 5

4 Wichtige historische Ereignisse

Ergänzen Sie die Genitivendungen.

a Das Ende _____ Krieges

b Die Gründung _____ Bundesrepublik

c Der Fall _____ Mauer

d Die Wiedereröffnung _____ Parlaments   ___ / 4

5 Brauchen die Sätze einen Apostroph oder nicht?

a Kate Winslets neuer Film ist interessant.

b Ich finde die Geschichte Berlins faszinierend.   ___ / 2

6 Und zum Schluss: Wissen und Kultur

Welche Antwort stimmt?

a Berlin hat etwa 3,4 / 4,4 / 5,4 Millionen Einwohner.

b Berlin gibt es seit über 750 Jahren / über 1000 Jahren.

c Man baute die Berliner Mauer 1959 / 1961 / 1971.

d Das Wappentier von Berlin ist ein Adler / ein Bär.

e Die Buddy Bären gibt es nur in Berlin / in vielen Teilen der Welt.

f Gelder aus den verschiedenen Buddy-Bär-Aktivitäten gehen an eine Charity / an die Stadt Berlin.

g Ein guter Stadtteil zum Ausgehen ist Berlin-Mitte / Berlin Steglitz.

h Die Touristenzahlen in den letzten Jahren haben sich verdoppelt/verdreifacht.

i Berliner nennen ihren Stadtteil Kaff/Kiez.

j Die meisten Berliner leben gern / nicht gern in ihrer Stadt.   ___ / 10

Gesamt
_____ / 30

Auswertung: 25–30 Punkte: Großartig. Fangen Sie schnell mit Kapitel 6 an. 17–24 Punkte: Sehr gut. Wiederholen Sie noch einmal die Punkte, die Sie nicht verstanden haben. 16 Punkte und weniger: Gut gemacht. Wir würden aber vorschlagen, dass Sie dieses Kapitel noch einmal gründlich wiederholen.

6 | Ein schönes Land

Teil A

1 Was wissen Sie über Deutschland?

a Deutschland hat 16 B u n d e s l __ __ - __ __ __ .

b Es grenzt an zwei Meere: die N __ __ __ - s e e und die O __ __ __ __ __ .

c Die größte deutsche Insel heißt R __ g __ n.

d Im Norden ist die Landschaft f l a __ __ .

e Das Zentrum der Kohle- und Stahlindustrie war das R __ __ __ g e b i e t.

f Es hat heute mehr als fünf Millionen E __ n w o h __ __ __ .

g Ein bekanntes Mittelgebirge in Südwestdeutschland ist der __ __ __ __ __ __ __ w a l d.

h Weiter östlich liegen die A __ __ __ __ .

i Dort gibt es auch den höchsten deutschen Berg: die Z u g __ __ __ __ __ __ .

j Bekannte Flüsse sind der R h e __ __ , die __ l b e und die D o __ __ __ .

k Neben Berlin und Hamburg sind M __ __ c h __ __ , S t u t t __ __ __ __ , __ __ __ __ __ f u r t und D r __ __ - d __ __ bekannte Städte.

l Insgesamt hat Deutschland eine G r __ __ z __ mit neun anderen Staaten.

2 Wie heißt es im Plural?

Setzen Sie die Nomen in den Klammern in den Plural.

a Auf Rügen gibt es viele **Strände**. (der Strand)

b Die Landschaft hat schöne _____ und _____ . (der Fluss / der Wald)

c Die _____ müssen sehr alt sein. (der Baum)

d In der Umgebung von Berlin gibt es viele _____ . (der See)

e Siehst du die _____ dort drüben? (der Hügel)

f Im Winter fahren sie gern in die _____ zum Skifahren. (der Berg)

g Ich finde, dass die _____ hier sehr vielfältig sind. (die Landschaft)

h Gestern hatten wir viele _____ am Himmel. (die Wolke)

Grammatik (1)

> **Wortbildung – Adjektive mit -ig**
>
> Im Deutschen gibt es eine Reihe von Adjektiven, die auf **-ig** enden, zum Beispiel:
>
> Berg → berg**ig**   Fleiß → fleiß**ig**
> Sand → sand**ig**   Durst → durst**ig**
>
> Vorsicht! Endet das Nomen auf -e, fällt das -e beim Adjektiv weg: Sonne → sonn**ig**
>
> Bei -er oder -el entfällt das -e meistens auch: Hunger → hungr**ig**, Nebel → nebl**ig** Aber: Hügel → hügelig

3 Nomen und Adjektiv

Ergänzen Sie.

a der Wald – **waldig**
b der Wind – _____
c der Berg – _____
d die Wolke – _____

e die Sonne – _____

f die Langeweile – _____

g der Hunger – _____

h der Fleiß – _____

i das Salz – _____

j die Vielfalt – *vielfältig*

4 Sagen Sie es anders

Benutzen Sie ein Adjektiv.

a Die Landschaft hat viele Berge. →
   Die Landschaft ist bergig.

b In der Umgebung gibt es viele Hügel.
   Die Umgebung ist _____ .

c Die Mitte von Deutschland hat viele
   Wälder.
   _____

d Heute gibt es viele Wolken.
   _____

e Die Sonne scheint.
   _____

f Er arbeitet viel. Er zeigt viel Fleiß.
   _____

g Nach dem Training haben sie immer Durst.
   _____

h Das Chili con Carne hat zu viel Salz.
   _____

i Die Stadt bietet eine große Vielfalt.
   _____

5 Bildbeschreibung

Sehen Sie sich das Bild an und ergänzen Sie.

Im Vordergrund sieht man …   In der Mitte des Bildes …   Im Hintergrund …   Außerdem …

Grammatik (2)

Adjektivendungen nach dem bestimmten Artikel

Nicht vergessen! Es gibt nur zwei Adjektivendungen nach dem bestimmten Artikel:

- **-en** für alle Dativ-, Genitiv- und Pluralformen + Akkusativ maskulin
- **-e** für alle Nominativ- und Akkusativformen im Singular, außer Akkusativ maskulin

6 Ergänzen Sie die Tabelle

	maskulin	feminin	neutrum	Plural
Nom.	der hoh**e** Berg	die groß___ Insel	das schön___ Land	die alt**en** Bäume
Akk.	den hoh___ Berg	die groß___ Insel	das schön___ Land	die alt**en** Bäume
Dat.	dem hoh**en** Berg	der groß___ Insel	dem schön___ Land	den alt___ Bäumen
Gen.	des hoh**en** Berges	der groß**en** Insel	des schön**en** Landes	der alt**en** Bäume

Wie viele Adjektivendungen auf **-en** und wie viele auf **-e** gibt es insgesamt?

7 Rekorde, Rekorde

Ergänzen Sie.

a Der längste Fluss der Welt ist der Amazonas.
b Der höchst__ Berg ist der Mount Everest.
c Den größt__ Regenwald, den Amazonas, gibt es in Südamerika.
d Die bevölkerungsreichst__ Stadt ist Tokio.
e Das Land mit der größt__ Fläche ist Russland.
f Die meist__ Einwohner hat aber China.
g Das Land mit dem höchst__ Pro-Kopf-Einkommen ist Luxemburg.
h Die höchst__ Lebenserwartung haben Menschen in San Marino.
i Laut einer Umfrage sollen die glücklichst__ Menschen aber in den skandinavisch__ Ländern, Finnland, Norwegen und Dänemark, leben.

8 Was denken Sie?

Beantworten Sie die Fragen. Geben Sie eine kurze Begründung in 1–2 Sätzen. Schreiben Sie und sprechen Sie dann.

Beispiel
Was ist für dich die schönste Sprache der Welt? →
Für mich ist Italienisch die schönste Sprache der Welt. Ich finde, dass sie sehr musikalisch und romantisch klingt. Die Sprache erinnert mich an meine Ferien in Neapel.

a Was ist für dich die schönste Sprache der Welt?
Für mich ist _____ _____.

b Was ist das spannendste Buch, das du je gelesen hast?
Das _____ Buch, das ich je gelesen habe, ist _____.

c Was ist die beste Musikband?
Ich denke, dass _____ _____.

d Und was ist für dich der beste Popsong aller Zeiten?
Für mich ist _____ _____.

e Wer, findest du, ist im Moment die beste Schauspielerin und wer der beste Schauspieler?
Ich finde, dass im Moment _____ _____.

f Was, denkst du, ist die interessanteste Stadt der Welt?
Ich denke, dass _____ _____.

g Was, glaubst du, ist das beste Smartphone?
Ich glaube, dass _____ _____.

Mehr Vokabeln
Natur

der Bach (-̈e)	*stream, creek*
der Gipfel (-)	*peak, summit*
die Höhle (-n)	*cave*
der Teich (-e)	*pond*

Teil B

1 Was passt zusammen?

1 Für uns ist ein Glas eher halbleer und	a in der neuen Welt lernen.
2 Die Menschen sind sehr direkt und	b für andere Kulturen.
3 Ich habe einen italienischen Vater und	c den Deutschen.
4 Da können wir viel von den Leuten	d Disziplin und Gehorsam.
5 Die Leute tun auch viel für die Umwelt,	e eine kubanische Mutter.
6 Früher waren typisch deutsche Eigenschaften Fleiß,	f nicht halbvoll.
7 Wir reisen viel und interessieren uns	g sagen, was sie denken.
8 Es gibt viele Vorurteile gegenüber	h was gut ist.

2 Positiv, negativ

Welche Eigenschaften sieht man normalerweise als positiv, welche als negativ?

Pünktlichkeit – Ehrlichkeit – Arroganz – Offenheit – Zuverlässigkeit – Pessimismus – Fleiß – Unpünktlichkeit – Disziplin – Faulheit – Toleranz – Unzuverlässigkeit – Rechthaberei – Freundlichkeit – Direktheit – Angeberei – Humor

Positiv	Negativ
Pünktlichkeit	

Grammatik (1)

Wortbildung – Adjektive / Nomen mit Endungen auf *-heit, -keit*

Durch die Endungen **-heit**, **-keit** kann man viele Adjektive zu Nomen machen:

offen → die Offen**heit**   freundlich → die Freundlich**keit**
frei → die Frei**heit**   zuverlässig → die Zuverlässig**keit**

Enden die Adjektive auf **-lich** (freundlich) oder **-ig** (zuverlässig), so fügt man normalerweise **-keit** hinzu. (Siehe oben.)

Tipp: Alle Nomen mit der Endung **-heit** oder **-keit** sind feminin: die Offenheit, die Ehrlichkeit.

3 -heit oder -keit? Was passt?

Bilden Sie Nomen.

a offen → die Offen**heit**
b frei → die Frei**heit**
c krank → die _____
d wahr → die _____
e direkt → die _____
f faul → die _____
g gesund → die _____

h ehrlich → die _____
i freundlich → die _____
j pünktlich → die _____
k persönlich → die _____
l zuverlässig → die _____
m großzügig → die _____
n dankbar → die _____

4 Definition – Vorurteil

Lesen Sie den Text und machen Sie dann die Übung auf Seite 72.

Was ist eigentlich ein Vorurteil?

Ein Vorurteil ist ein Urteil über Personen oder Dinge, das man ohne wirkliches Wissen und oft ohne eigene Erfahrungen gebildet hat. Vorurteile sind nützlich, weil sie uns helfen, komplexe Dinge einfacher zu sehen und unseren Alltag zu meistern. Vorurteile sind harmlos, wenn man zum Beispiel sagt, dass die Franzosen gute Liebhaber sind und die Engländer humorvoll sind. Gefährlich werden Vorurteile, wenn sie zur Diskriminierung anderer Menschen führen. Das ist zum Beispiel bei rassistischen Vorurteilen der Fall. Dabei werden Menschen wegen ihrer Herkunft bestimmte negative Eigenschaften zugeschrieben.

Albert Einstein hat einmal gesagt: „Es ist leichter, einen Atomkern zu spalten als ein Vorurteil." Es ist einfacher und bequemer sich an Vorurteile zu hängen, als sich eine kritische und rationale Meinung zu bilden. Offenheit und Toleranz sind wichtig, wenn man trennende Barrieren abbauen will.

Vokabeln

zu|schreiben	*to attribute, to ascribe*
spalten	*to split*
trennend	*dividing*
ab|bauen	*here: to break down, to remove*

Richtig oder falsch? Korrigieren Sie die falschen Aussagen.

	R	F
a Vorurteile basieren auf solidem Wissen und eigenen Erfahrungen.		
b Sie sind immer negativ.		
c Vorurteile können gefährlich sein.		
d Albert Einstein denkt, dass man Vorurteile leicht abbauen kann.		

5 Adjektivendungen – Wissen Sie noch?

Ergänzen Sie die Adjektivendungen nach dem unbestimmten Artikel (*ein, eine* etc.).

i Nominativ

a Er ist ein offen____ Mensch. (m)

b Sie ist eine ehrlich____ Person. (f)

c Tim ist ein clever____ Kind. (nt)

d Es sind nett____ Studenten. (pl)

ii Akkusativ

a Er trinkt einen stark____ Kaffee. (m)

b Sie trägt eine schön____ Jeans. (f)

c Er trägt ein blau____ Hemd. (nt)

d Sie trägt schwarz____ Schuhe. (pl)

iii Dativ

a Er arbeitet mit einem neu____ Kollegen zusammen. (m)

b Sie jobbt bei einer international____ Firma. (f)

c Er arbeitet in einem klein____ Büro. (nt)

d Auf der Arbeit trägt sie eine Jeans mit schwarz____ Schuhen. (pl)

Welche Adjektivendungen finden Sie am einfachsten?

Grammatik (2)

Adjektivendungen nach dem unbestimmten Artikel / Possessivpronomen / *kein*

Im Singular sind fast alle Endungen wie die nach dem bestimmten Artikel (**der, die** etc.). Es gibt drei Ausnahmen:

Nom.	(m)	Der grüne Wald.	Es ist ein grüner Wald.
	(nt)	Das schnelle Auto.	Es ist ein schnelles Auto.
Akk.	(nt)	Sie fährt das schnelle Auto.	Sie fährt ein schnelles Auto.

Der Grund – wenn es keinen bestimmten Artikel gibt, signalisiert das Adjektiv das Geschlecht (*er* = maskulin; *es* = neutrum).

Vorsicht – Plural
Es gibt verschiedene Endungen: Im Nominativ und Akkusativ sind die Pluralendungen **-en** nach einem Possessivpronomen oder **keine**, sonst **-e**:

| **Nom.** | nette Studenten | ihre nett**en** Studenten |
| **Akk.** | schwarze Schuhe | keine schwarz**en** Schuhe |

Im Dativ und Genitiv sind alle Pluralendungen **-en**.

Eine Übersicht über alle Endungen finden Sie im Kursbuch, Seite 92.

6 Welche Endung passt?

a -e oder -er?

Es ist ein wirklich schön___ Wald.

Dort ist der schön___ Wald.

b -e oder -es?

Er kauft ein neu___ Haus.

Das neu___ Haus war teuer.

c -e oder -es?

Sie fährt ein umweltfreundlich___ Auto.

Sie entscheidet sich für das umweltfreundlich___ Auto.

d -e oder -er?

Oh, ein amerikanisch___ Krimi.

Der amerikanisch___ Krimi ist spannend.

e -e oder -en?

Was für eine bergig___ Landschaft!

Sie machen in einer bergig___ Landschaft Urlaub.

f -e oder -en?

Er hat sympathisch___ Kinder.

Kennst du seine sympathisch___ Kinder?

g -e oder -en?

Sie trägt schwarz___, elegant___ Schuhe.

Sie trägt ihre schwarz___, elegant___ Schuhe.

7 Charaktereigenschaften

Ergänzen Sie die Endungen.

a Er ist ein sehr offen___ und freundlich___ Mensch.

b Ich finde, sie ist eine nett___ und sympathisch___ Person.

c Er hat einen stark___ Charakter.

d Wir halten ihn für einen ehrlich___, aber auch zurückhaltend___ Mann.

e Sie hat eine sehr offen___ und charmant___ Art.

f Hast du eine best___ Freundin oder einen best___ Freund?

g Seine enorm___ Großzügigkeit machte ihn sehr beliebt.

h Er hat sich meistens von seiner humorvoll___ Seite gezeigt.

i Ich denke, Karin hat sehr viele gut___ Charaktereigenschaften.

j Wegen seiner positiv___ Einstellung kann er gut mit negativ___ Erlebnissen umgehen.

8 Und jetzt Sie

Wie sehen Sie sich? Beantworten Sie die Fragen. Geben Sie eine kurze Begründung.

Beispiel

Denken Sie, dass Sie ein eher offener oder verschlossener Mensch sind? →

Ich denke, dass ich ein eher offener Mensch bin.
Ich bin sehr kommunikativ, bin gern mit Menschen zusammen und sage, was ich denke.

a Denken Sie, dass Sie ein eher offener oder verschlossener Mensch sind?

Ich denke, dass ich _____

_____.

b Glauben Sie, dass sie eine eher emotionale oder rationale Person sind?

Ich glaube, dass ich _____

_____.

c Sind Sie ein positiver oder negativer Mensch? Ist ein Glas für Sie eher halbvoll als halbleer?

Ich meine, _____

_____.

d Welche positiven Eigenschaften haben Sie?

Ich denke, positive Eigenschaften von mir sind

_____.

e Haben Sie auch negative Eigenschaften?

Eine negative Eigenschaft von mir ist / Negative Eigenschaften von mir sind _____

_____.

Grammatik (3)

Substantivierte Adjektive *(Adjectival nouns)*

Aus einigen Adjektiven kann man Nomen bilden, die meistens Personen beschreiben: krank →
ein Kranker, eine Kranke *(a sick person)*
verwandt → ein Verwandter, eine Verwandte *(a relative)*

Achtung! Diese Nomen enden wie die Adjektive:

Nom.	Er ist ein Verwandter.	Sie ist eine Verwandte.
Akk.	Ich habe einen Verwandten.	Ich habe eine Verwandte.
Dat.	Ich danke dem Verwandten.	Ich danke der Verwandten.

Eine Übersicht für diese Nomen finden Sie im Kursbuch, Seite 100.

9 Wie heißen die Nomen?

Ergänzen Sie.

a deutsch → *ein Deutscher, eine Deutsche*

b verlobt → ein _____, eine _____

c bekannt → ein _____, eine _____

d angestellt → ein _____, eine _____

e arbeitslos → ein _____, eine _____

f jugendlich → ein _____, eine _____

g erwachsen → ein _____, eine _____

Mehr Vokabeln
Adjektive

gastfreundlich	*hospitable*
geduldig	*patient*
ungeduldig	*impatient*
launisch	*moody*

Teil C

I Essen, Trinken, Lebensmittel

Ordnen Sie zu.

Wasser – Kaffee – Weizen – Roggen – Gummibären – Marmelade – Pfeffer – Safran – Äpfel – Birnen – Rooibos Tee – Schnaps – Weintrauben – Gurken – Hafer – Reis – Quark – Sahne – Aal – Lachs – Rindfleisch – Hähnchen – Zitronen – Erdbeeren – Geflügelsalami – Schnitzel – Butter – Käse – Hering – Rote Beete – Kohl – Salat – Joghurt – Brot – Vollkornbrötchen – Karotten – Brokkoli – Müsli – Kefir – Salz – Bohnen – Radieschen – Koriander – Marzipan – Speiseeis – Pasta – Schokoriegel – Rosmarin – Oregano

Getränke	Getreide, Getreide- produkte	Obst / Gemüse etc.	Fisch / Fleisch etc.	Milchpro- dukte	Gewürze / Kräuter	Süßwaren

Welche Wörter kannten Sie nicht? Können Sie für jede Kategorie noch zwei weitere Wörter finden?

2 Finden Sie das Gegenteil

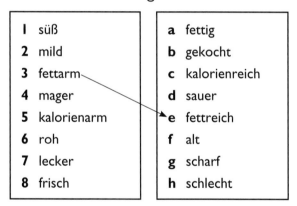

1 süß		**a** fettig
2 mild		**b** gekocht
3 fettarm		**c** kalorienreich
4 mager		**d** sauer
5 kalorienarm		**e** fettreich
6 roh		**f** alt
7 lecker		**g** scharf
8 frisch		**h** schlecht

3 Wie schmeckt das Essen?

a Die Knödel schmecken richtig gut. Sie schmecken l __ c k __ r.

b Oh, das Curry Vindaloo hat viele Chilis. Es ist sehr s c __ __ __ f.

c Ich glaube, er hat zu viel Salz in die Soße getan. Sie ist zu s a __ z __ __ .

d Er kocht meistens mit viel Butter. Die Gerichte sind f e __ t __ g.

e Sie kaufen meistens Produkte aus der Region. Sie kaufen l __ k __ l e Produkte.

f Sie isst keine Milchprodukte und kein Fleisch. Sie isst v __ __ a n.

g Der Apfelstrudel hat zu viel Zucker. Er ist ein bisschen zu __ __ ß für meinen Geschmack.

h Die Avocado gilt als ein Superfood. Sie soll sehr g e s __ __ __ sein.

Superfoods

1 Avocado   2 Quinoa   2 Datteln   3 Buchweizen   4 Grünkohl/Kale   5 Goji-Beeren
6 Chia-Samen   7 Brokkoli   8 Ingwer   9 Kokosnuss   10 Mandeln

Grammatik (1)

Adjektivendungen ohne Artikel

Wenn es keine Artikel oder Possessivpronomen gibt, signalisiert das Adjektiv das Geschlecht und hat Endungen wie die (abwesenden) Artikel:

Nom. (m)   **Der** Kaffee ist stark.   Stark**er** Kaffee schmeckt gut.
(f)   **Die** Milch ist fettarm.   Fettarm**e** Milch schmeckt nicht.
(nt)   **Das** Wasser ist kalt.   Kalt**es** Wasser ist erfrischend.

Im Akkusativ sind die Endungen wie oben, außer vor maskulinen Nomen:
Akk. (m)   Er trinkt **den** Wein.   Er trinkt italienisch**en** Wein.

Im Dativ gibt es die typischen Endungen: **-em, -er, -em**:
Dat. (m)   **dem** Kaffee   Ich liebe Croissants mit stark**em** Kaffee.
(f)   **der** Tee   Tee mit fettarm**er** Milch schmeckt nicht.
(nt)   **dem** Wetter   Bei kalt**em** Wetter bleibe ich zu Hause.

Plural
Im Nominativ und Akkusativ enden die Adjektive auf **-e**, im Dativ auf **-en**.

Eine Übersicht über alle Endungen finden Sie im Kursbuch, Seite 92.

4 Üben Sie

Wie heißen die Endungen? Die Artikelwörter helfen Ihnen.

a *das* Gemüse: Viele denken, dass roh____ Gemüse sehr vitaminreich ist.
b *das* Essen: Gesund____ Essen liegt im Trend.
c *die* Pizza: Er kauft oft tiefgefroren____ Pizza.
d *die* Smoothies (pl): Grün____ Smoothies – das perfekte Morgengetränk.
e *den* Tee: Er trinkt nicht gern schwarz____Tee.
f *die* Säuren (pl):   Fischöl enthält wertvoll____ Omega-3-Fettsäuren.
g *dem* Geschmack: Datteln liefern Power mit süßlich____ Geschmack.
h *den* Discountern (pl): Bei viel____ Discountern gibt es auch günstige Non-Food-Artikel.

5 Mein Lieblingsessen

Vier Personen erzählen, was ihr Lieblingsessen ist. Lesen Sie die Texte und ergänzen Sie die Endungen.

a Nichts ist besser als italienische Pizza! Das ist mein absolut**es** Lieblingsessen. Am besten schmeckt sie mir mit scharf___ Salami und Peperoni. Selbstgemacht___ Pizza ist auch nicht schlecht, aber man braucht dafür ein bisschen Zeit. Es ist einfacher, den Pizza-Service anzurufen!

b Argentinisch___ Steak ist meine Nummer 1. Mit bunt___ Salat, frisch___ Baguette und frisch___ Kräutersoße – das ist unschlagbar. Dazu natürlich argentinisch___ Rotwein. Da fühle ich mich wie ein Gaucho im siebten Himmel.

c Am liebsten esse ich asiatisch___ Gerichte. Thailändisch___ Massaman Curry, auch Gaeng genannt, ist vielleicht das best___ Curry der Welt. Die Kombination aus süßlich___ Erdnusssoße und leicht___ Kardamom-Geschmack ist traumhaft. Chinesisch__ Ente süß-sauer mit wild___ Reis esse ich auch total gern.

d Einfach___, vegetarisch__ Essen finde ich am besten, zum Beispiel Brokkolicremesuppe oder Kartoffelauflauf mit Muskatnuss und holländisch___ Gouda überbacken. Dazu frisch___, saisonal___ Kräuter, wenn möglich aus dem eigen___ Garten. Lecker___, gesund___ Essen muss nicht teuer sein.

Vokabeln

unschlagbar	*unbeatable*
die Erdnusssoße (-n)	*peanut sauce*
traumhaft	*dreamlike, fantastic*
der Kartoffelauflauf (-läufe)	*potato gratin*

6 Was ist Ihr Lieblingsessen? Schreiben Sie einen ähnlichen Text wie die Personen von Übung 5.

7 Spezialitäten aus Deutschland, Österreich und der Schweiz

Ergänzen Sie.

Wiener – Dresdner – Nürnberger – Schwarzwälder – Berliner – Lübecker– Zürcher/Züricher – ~~Leipziger~~

a *Leipziger* Allerlei: ein traditionelles Gemüsegericht. Es besteht aus jungen Erbsen, Karotten, Spargel und Morcheln. Man serviert es mit einer hellen Soße.

b _____ Schnitzel: ein dünnes, paniertes Schnitzel, meistens aus Kalbfleisch.

c _____ Bratwurst: sie sind etwa 8 cm lang, 20–25 Gramm schwer und aus Schweinefleisch.

d _____ Schinken: ein roher, geräucherter Schinken ohne Knochen.

e _____ Stollen: ein Stollen aus Rosinen, süßen und bitteren Mandeln, Zucker, Gewürzen und anderen Zutaten.

f _____ Marzipan: weltbekanntes Marzipan. Gibt es seit 1530 in dieser Stadt.

g _____ Geschnetzeltes: in kleine Stücke geschnittenes Kalbfleisch, meistens mit Rahmsoße serviert.

h _____ Weiße: spezielle Weißbiersorte. Trinkt man meistens mit Himbeersirup („rot") oder Waldmeistersirup („grün").

8 Rezept – Apfelstrudel

Hier ist ein Rezept für einen Apfelstrudel.
Welche Zutaten braucht man? Können
Sie alle neun Schritte für die Zubereitung
verstehen?

Apfelstrudel

Schwierigkeit:	Kochdauer:	Bewertungen:
Hobbykoch	30–60 Minuten	★★★★☆

Zutaten	Zubereitung
Portionen: 6 • 1 Packung Strudelteig (fertig aus dem Kühlregal) • 750 g Äpfel • 1 Stück Zitrone (Saft) • 50 g Kristallzucker • 1 Schuss Rum (nach Belieben) • 1 Handvoll Rosinen • 1 Vanilleschote (Mark) • 100 g Walnüsse (in die Hälfte gehackt) • Zimt (gemahlen) • 100 g Butter (zum Bestreichen und für die Brösel) • 50 g Semmelbrösel	1 Für den Apfelstrudel die Äpfel schälen und in acht Teile schneiden. 2 Für die Füllung: Äpfel, Walnüsse, Zimt, Zucker, Rosinen, Vanilleschotenmark und den Zitronensaft vermengen. Wenn man möchte, einen Schuss Rum hinzugeben. 3 Den Ofen auf 200°C vorheizen. 4 In einer Pfanne Butter zergehen lassen und die Semmelbrösel anrösten. 5 In einem kleinen Topf etwas Butter zum Bestreichen für den Strudelteig zergehen lassen. 6 Auf einem Geschirrtuch mit Mehl zwei Strudelblätter nebeneinander legen, sodass sie sich in der Mitte ca. 10 cm überlappen. Den Strudelteig mit etwas flüssiger Butter bestreichen und nochmals zwei Strudelblätter wie vorhin darüberlegen. 7 Nun die Strudelblätter mit der Semmelbröselmischung bestreuen und die Füllung darauf verteilen. 8 Nun mit Hilfe des Geschirrtuchs den Strudel einrollen und ihn an den Enden verschließen. 9 Den Apfelstrudel vorsichtig auf ein mit Backpapier belegtes Backblech legen und ca. 30–40 Minuten backen. **Tipp** Am besten schmeckt der Apfelstrudel warm mit einer Kugel Vanilleeis serviert.

Vokabeln
Kochen

schälen	*to peel*
vermengen	*to mix*
zergehen lassen	*here: to melt sth.*
das Semmelbrösel (-)	*bread roll crumbs*

💬 Und jetzt Sie.
Mein Mini-Projekt

Im Kochkurs – Gerichte aus meiner Heimat

Sie sind sechs Monate in Stuttgart und gehen dort zu einem Kochkurs. Die anderen Teilnehmer möchten gern mehr über die Küche in Ihrem Land (oder einem Land, das Sie gut kennen) wissen. Stellen Sie ein paar Gerichte vor und beschreiben Sie sie. Sprechen Sie auch über Ihr Lieblingsessen und darüber, was Sie gerne kochen.

Hier sind einige Redewendungen, die Sie benutzen können. Viel Spaß.

Die französische/japanische etc. Küche ist regional unterschiedlich / nicht so unterschiedlich.

Es ist ein Vorurteil, wenn man denkt, dass …

Im Norden/Süden/Westen/Osten isst man …

Im Allgemeinen isst man viel / nicht so viel Fleisch/Fisch etc.

Das bekannteste Gericht / Das Nationalgericht ist wahrscheinlich …

Es besteht aus … / Man kocht es mit … / Die Zutaten dafür sind …

Andere typische Gerichte sind …

Beliebte Getränke sind …

*Mein Lieblingsessen aus meinem Land ist …
Die Kombination aus …*

Mein Lieblingsgetränk ist …, weil …

Für Vegetarier ist die französische/japanische etc. Küche …

Wenn man hier in der Stadt französisch/ japanisch etc. essen gehen will, kann ich … empfehlen.

Wenn ich selber koche, …

Testen Sie sich

Am Ende von jedem Kapitel können Sie testen, was Sie gelernt haben. Es gibt immer 30 Punkte.

1 Was passt?

Ein ½ Punkt für jeden richtigen Tick.

	bergig	mild	freundlich	ehrlich	traumhaft
Landschaft					✓
Wetter		✓			
Person					
Essen					

___ / 4

2 *-heit* oder *-keit*?

Ergänzen Sie. Ein ½ Punkt für jeden richtigen Tick.

Beispiel: die Gesund_____ → die Gesund**heit**

a die Krank_____   c die Persönlich_____

b die Pünktlich_____   d die Frei_____

___ / 2

3 Persönlichkeiten. Wie heißt das Gegenteil?

a Eine Person ist verschlossen, eine Person ist o __ __ __ __ .

b Sie ist rational, er ist e m o __ __ __ __ __ __ .

c Er denkt negativ, sie denkt __ __ s __ t __ __ .

d Tina denkt, das Glas ist halbleer, Sybille meint, es ist h a l b __ __ __ __ .

___ / 2

4 Adjektivendungen

(I)

a Welche zwei Adjektivendungen gibt es nach dem bestimmten Artikel?

b Was signalisieren die Adjektivendungen, wenn sie ohne den bestimmten Artikel stehen?

___ / 2

(II)

a Der höchst____ deutsch____ Berg ist die Zugspitze.

b Der freundlich____ Mann – Er ist ein freundlich____ Mann.

c Sie trägt das rot____ Kleid. – Sie trägt ein rot____ Kleid.

d Er jobbt bei einer groß____ international____ Firma.

e Lecker____ , gesund____ Essen muss nicht teuer sein.

f Er liebt selbstgemacht____ Pizza mit frisch____ Pilzen.

___ / 6

5 Welches Wort passt nicht?

a Milchprodukte: *Quark, Sahne, Erdbeere, Käse, Butter*

b Fleisch: *Rind, Sojawurst, Schwein, Pute, Lamm*

c Apfelstrudel: *Zitrone, Orange, Vanille, Walnüsse, Semmelbrösel*

___ / 3

6 Und zum Schluss: Wissen und Kultur

Ergänzen Sie. Ein Punkt für jede richtige Antwort.

a Es gibt zwei Meere in Deutschland, die Nordsee und die _____ .

b Das höchste Gebirge sind die _____ .

c Ein bekannter Fluss, außer dem Rhein, ist die/der/das _____ .

d Wichtige Städte, neben Berlin, Hamburg und München, sind _____ und

_____ .

e Mit Deutschland verbinden viele Autos, Fußball und zum Beispiel _____ .

f Albert Einstein sagte: „Es ist leichter einen Atomkern zu spalten, als ein _____ ."

g Sogenannte Superfoods sind zum Beispiel Avocado, Quinoa und _____ .

h Ein bekanntes Gericht aus der Schweiz ist _____ Geschnetzeltes.

i Ein _____ Schnitzel ist ein dünnes, paniertes Schnitzel aus Kalbfleisch.

j Ein besonderes Getränk aus Berlin ist die Berliner _____ .　　___ / 11

Gesamt
_____ / 30

Auswertung: 25–30 Punkte: Großartig. Fangen Sie schnell mit Kapitel 7 an. 17–24 Punkte: Sehr gut. Wiederholen Sie noch einmal die Punkte, die Sie nicht verstanden haben. 16 Punkte und weniger: Gut gemacht. Wir würden aber vorschlagen, dass Sie dieses Kapitel noch einmal gründlich wiederholen.

7 | Politik und Gesellschaft

Teil A

1 Politische Begriffe

Welche Definition passt?

1 Angela Merkel	**a** das deutsche Parlament
2 der Bundestag	**b** das Staatsoberhaupt
3 der/die Bundeskanzler/in	**c** die Teilung der Macht zwischen dem Bund und den Bundesländern
4 der/die Bundespräsident/in	**d** die erste Frau, die Bundeskanzlerin wurde
5 der/die Abgeordnete	**e** die deutsche Nationalflagge
6 der Adler	**f** die Deutsche Demokratische Republik (früher Ostdeutschland)
7 Schwarz-Rot-Gold	**g** die Verfassung/Konstitution Deutschlands
8 Föderalismus	**h** führt die Regierung
9 DDR	**i** die Bundesrepublik Deutschland (früher Westdeutschland)
10 BRD	**j** das Wappentier von Deutschland
11 das Grundgesetz	**k** Mitglied des Bundestages

> **Tipp – Bund / Land**
>
> *Bund/Bundes* – bezieht sich auf Institutionen, Gesetze etc., die für ganz Deutschland gelten: die *Bundes*regierung (federal government), die *Bundes*polizei (federal police force), das *Bundes*gesetz (federal law), die *Bundes*liga (federal soccer league).
>
> *Land/Landes* – bezieht sich auf ein Bundesland: die *Landes*regierung, die *Landes*polizei, das *Landes*gesetz, die *Landes*liga etc.

2 Wie heißen die Parteien?

a CDU – Christlich D __ m o k r __ t i - s __ __ e Union

b CSU – C h r __ s t l __ c h Soziale U n i __ n

c SPD – Sozialdemokratische P a r t __ __ Deutschlands

d Die G r __ n __ n

e D __ e L i __ k e

f FDP – Freie __ e m o k r a t i s c h e P __ __ t __ __

g AfD – Alternative für D __ __ t s c h l __ __ d

Grammatik (1)

Nomen: So erkennt man das Geschlecht

Die Endungen von Nomen können helfen, das Geschlecht zu identifizieren.

feminin: **-e, -ei, -heit, -ie, -ion, -ik, -keit, -schaft, -tät, -ung**
maskulin: **-mus, -or**
neutrum: **-ment, -um**

Achtung! Es gibt Ausnahmen:
zum Beispiel der Name, das Interesse, das Stadion, das Labor, der Moment

3 Was fehlt?

Finden Sie die passende Endung.

a *-ei* : die Part*ei*   die Poliz*ei*
b ____ : die Ein____   die Offen___
c ____ : die Demokrat____   die Monarch___
d *-ion* : die Un*ion*   die Informat____
e ____ : die Polit___   die Republ___
f ____ : die Gerechtig___   die Nachhaltig____
g ____ : die Gesell____   die Land____
h ____ : die Solidari____   die Kreativi___
i ____ : die Regier____   die Beweg____
j ____ : der Sozialis____   der Kapitalis____
k *-or* : der Energiesekt___ die Mot*or*
l ____ : das Parla____   das Doku____
m ____ : das Zentr____   das Praktik___

Wissen Sie, was die Wörter bedeuten?

4 Welches Wort passt?

konservative – Deregulierung –
Umweltpolitik – Gerechtigkeit – ökologische –
Schwesterparteien – Gesellschaft –
Kontrolle

a Die CDU und CSU sind _____. Sie sehen sich als _____ „Volksparteien der Mitte".
b Die SPD steht für soziale _____ und Solidarität.
c Während die FDP mehr _____ möchte, setzt sich Die Linke für mehr staatliche _____ ein.
d Für die Grünen ist _____ Nachhaltigkeit ein wichtiges Thema.
e Überhaupt spielt die _____ eine große Rolle in Deutschland.
f Durch Migration ist die Bundesrepublik seit langem eine multikulturelle _____ geworden.

5 Das Regierungssystem in Österreich und der Schweiz

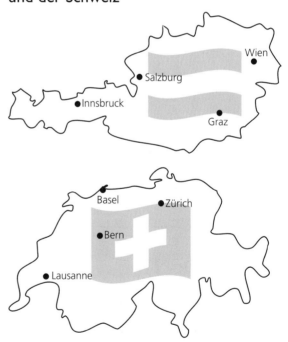

Lesen Sie den Text und beantworten Sie dann die Fragen.

a Wo gibt es mehr Abgeordnete – im Parlament von Österreich oder der Schweiz?
b Wer leitet und führt in Österreich die Regierung?
c Was ist das Besondere an dem System in der Schweiz?

Österreich ist eine parlamentarisch-demokratische Republik. Das Parlament dort heißt der Nationalrat. Er wird alle fünf Jahre gewählt und hat 183 Abgeordnete. Der Regierungschef, der Bundeskanzler, wählt die Minister aus und leitet die Regierung. Der Bundespräsident, das Staatsoberhaupt, hat ähnlich wie in Deutschland vor allem repräsentative Aufgaben.

Die Schweiz ist ein föderalistischer Bundesstaat und besteht heute aus 26 Kantonen. Das Schweizer Parlament hat 246 Abgeordnete. Die Regierung, der Bundesrat, ist ein Kollegium von sieben vom Parlament gewählten Mitgliedern. Das Besondere an dem System in der Schweiz ist, dass es viele Elemente einer direkten Demokratie hat, das heißt, das Volk kann durch Volksabstimmungen bei vielen Entscheidungen mitbestimmen.

Die Harry Potter-Bücher wurden von J.K. Rowling geschrieben.

Wichtig! Im Passivsatz wird das *direkte Objekt* (**den Wagen**), zum *Subjekt* und steht im Nominativ: **Der Wagen** wird vom Mechaniker repariert.

Oft lässt man im Passivsatz die handelnde Person weg: Der Wagen wird repariert.

Nicht vergessen – Man bildet das Passiv meistens mit **werden** + *Partizip II*.

Präsens:	Der Bürgermeister **wird** von den Bürgern *gewählt*.
Präteritum:	Die Harry Potter-Bücher **wurden** von J.K. Rowling *geschrieben*.
Perfekt:	Die Harry Potter-Bücher **sind** von J.K. Rowling *geschrieben* **worden**.

6 Sagen Sie es anders

Bilden Sie Passivsätze im Präsens.

a Man wählt das Parlament alle vier Jahre. →
   Das Parlament wird alle vier Jahre gewählt.

b Man wählt den Bürgermeister direkt.
   Der Bürgermeister _____.

c Man feiert den Tag der Deutschen Einheit am 3. Oktober.
   Der Tag _____.

d Greenpeace sponsert den Event.
   _____

e Man renoviert das Museum.
   _____

f Man zeigt das Konzert im Live-Stream.
   _____

g Eine Journalistin interviewt die Politiker.
   _____

h Der Minister begrüßt die Gäste.
   _____

Vokabeln

die Volksabstimmung (-en)	*referendum, plebiscite*
mit|bestimmen	*to have a say*

Grammatik (2)

Das Passiv

Aktiv und Passiv

Bei einem Aktivsatz liegt der Fokus auf dem Subjekt / der handelnden Person:
Der Mechaniker repariert den Wagen.
J.K. Rowling schrieb die Harry Potter-Bücher.

Bei einem Passivsatz liegt der Schwerpunkt auf der Aktion / dem Gegenstand:
Der Wagen wird vom Mechaniker repariert.

7 Sätze im Passiv

Benutzen Sie das Präteritum.

a Das Bild **wurde** von einem niederländischen Künstler **gemalt**. (malen)

b Der Song _____ von einer Gruppe aus Hamburg _____. (singen)

c Wer _____ eigentlich zur Sportlerin des Jahres _____? (wählen)

d Die Brötchen _____ heute Morgen frisch _____. (backen)

e Er _____ gestern _____. (operieren)

f Die Turnschuhe _____ in Thailand _____. (produzieren)

g Durch das Feuer _____ viele Wälder _____. (zerstören)

h 2018 _____ Wasser auf dem Mars _____. (entdecken)

i Von wem _____ eigentlich das Handy _____? (erfinden)

8 Und jetzt Sie. Testen Sie Ihr Wissen über Deutschland

Beantworten Sie die Fragen. Benutzen Sie eine Passivkonstruktion.

Beispiel
Wann wurde die Bundesrepublik gegründet? →
Die Bundesrepublik / Sie wurde 19__ gegründet.

a Wann wurde die Bundesrepublik gegründet?

b In welchem Jahr wurde die Berliner Mauer gebaut?

c Wann wurde sie geöffnet?

d Wie wird der Bundestag auch genannt?

e In welcher Stadt wird ein berühmtes Marzipan hergestellt?

f Von wem wurde die 9. Symphonie komponiert?

g Wer wurde als erste Frau zur Bundeskanzlerin gewählt?

h Wie wird der Abschluss auf dem Gymnasium genannt?

i Welche bekannten Automarken werden in Deutschland gebaut? Geben Sie mindestens drei Beispiele.

Und wie ist das mit Ihrem Land? Schreiben Sie mindestens sechs Fragen über Ihr Land (oder ein Land, das Sie gut kennen). Benutzen Sie Passivkonstruktionen wie oben. Wenn möglich, fragen Sie etwas über Geschichte, Politik, Kultur.

Mehr Vokabeln
Politik und Gesellschaft

das Grundgesetz *Basic Law (for the Federal Republic of Germany)*
der Minister (-) / die Ministerin (-nen) *minister*
die Opposition (-en) *opposition*
die Chancengleichheit (-en) *equal opportunities*

Teil B

1 Wer sagt das?

Welcher Text passt zu welcher Generation: *Baby Boomer (1943–1960), Generation X (1961–1980), Generation Y (1981–2000), Generation Z (ab 2001)?*

a Ich bin gut vernetzt und motiviert und habe in den letzten Jahren eine IT-Consultingfirma aufgebaut, die sehr erfolgreich ist. Mit den richtigen Kontakten und einem guten Produkt kann man schnell Karriere machen. (*Generation Y*)

b Geld, Karriere und Statussymbole spielen keine so große Rolle für mich. Wichtig für mich ist, dass ich genug Zeit für meine Freunde, Familie und für meine Hobbys habe und dass meine Arbeit sinnvoll ist. (_____)

→

c Ich bin in der Nachkriegszeit aufgewachsen. Materiell ging es uns in den ersten Jahren nicht so gut, aber mit dem Wirtschaftswunder wurde es besser. Seit den späten 1960er-Jahren engagiere ich mich politisch. Ich denke, wir haben viel in der Gesellschaft verändert.
(_____)

d Nach der Schule habe ich gleich eine Ausbildung gemacht und dann eine gute Arbeit gefunden, so dass ich mir eine eigene Wohnung und ein Auto leisten konnte. Ich shoppe gern und gebe gern Geld für schicke Sachen aus.
(_____)

2 Sagen Sie es anders

a Es gab viele Geburten. Die Generation war g e b _ _ t e n s t _ _ k.
b Die Arbeit soll Sinn machen. Die Arbeit soll s i n n v _ _ _ sein.

c Die Arbeit ist zentral. Die Arbeit steht im M i t _ _ _ p _ _ k t des Lebens.
d Viele wollen aufsteigen. Viele wollen K a _ _ i e _ _ machen.
e Sie shoppen gern. K o n s _ _ ist sehr wichtig.
f Sie sind gut ausgebildet. Sie haben ein hohes B i l d _ _ g s n i v _ _ _.
g Sie sind nicht wie andere Leute. Sie sind i n d i v _ _ u a _ i _ t i s c h.
h Der Verdienst ist nicht das Wichtigste. G l _ c k ist wichtiger als G e _ d.

3 Meine Großmutter und ich

Chinwe Chukwuogo aus Nigeria hat den Artikel *Zwei Generationen* gelesen und der Autorin, Sabrina Reichard, eine E-Mail geschrieben (siehe Kursbuch, Seiten 112 und 121).

Lesen Sie ihren Text und beantworten Sie dann die Fragen.

Liebe Frau Reichard,

ich habe den Artikel über Max Engelke und seine Enkelin Miriam gelesen und fand ihn sehr interessant. Ich musste dabei viel an das Leben von meiner Großmutter Emiola denken. Emiola wuchs in Nigeria, in der Nähe von Lagos, auf dem Land auf. Als ich ein Kind war, besuchte ich sie oft, weil sie nicht weit von meinem Haus lebte. Sie kochte immer für mich, wenn ich bei ihr war und erzählte mir Geschichten aus ihrem Leben. Ich konnte ihr stundenlang zuhören.

Die Kindheit von meiner Großmutter war sehr hart, weil sie das älteste Kind in ihrer Familie war und ihren Eltern den Haushalt machen musste. Sie ging nur in die Grundschule. Emiola heiratete, als sie 16 Jahre alt war. Das war damals normal. Ein Jahr später bekam sie ihr erstes Kind. Als sie 23 Jahre alt war, hatte sie bereits fünf Kinder. Meine Großmutter und ihr Mann – mein Opa – mussten sehr hart arbeiten, um für ihre Kinder zu sorgen. Emiola verließ das Dorf, in dem sie wohnte, nur wenige Male, um in die Stadt zu fahren.

Im Vergleich zu ihrer Kindheit war meine Kindheit und Jugend viel einfacher. Ich war das einzige Kind. Meine Eltern wollten immer, dass ich eine gute Ausbildung bekomme. Nach der Schule ging ich zur Universität und dann studierte ich im Ausland.

Wenn man das Leben von uns beiden vergleicht, kann man sehen, dass ich viel mehr Möglichkeiten hatte, mein Leben zu gestalten.

Mit freundlichen Grüßen
Chinwe Chukwuogo

Richtig oder falsch? Korrigieren Sie die falschen Aussagen.

	R	F

a Chinwes Großmutter Emiola wuchs in Lagos auf.

b Sie kochte für Chinwe und erzählte ihr Geschichten.

c Emiola hatte eine gute Ausbildung.

d Es war damals normal, jung zu heiraten und Kinder zu haben.

e Emiola reiste viel innerhalb von Nigeria.

f Chinwes Kindheit und Jugend waren einfacher, aber sie konnte keine Zeit im Ausland verbringen.

Grammatik (1)

Das Präteritum – Wiederholung und Lerntipp

Das Präteritum benutzt man meistens für geschriebene Texte, wie zum Beispiel Reports oder Zeitungsartikel. Es gibt drei Hauptgruppen:

Regelmäßige Verben		Unregelmäßige Verben		Mischverben	
ich lebte	wir lebten	ich kam	wir kamen	ich wusste	wir wussten
du lebtest	ihr lebtet	du kamst	ihr kamt	du wusstest	ihr wusstet
Sie lebten	Sie lebten	Sie kamen	Sie kamen	Sie wussten	Sie wussten
er/sie/es lebte	sie lebten	er/sie/es kam	sie kamen	er/sie/es wusste	sie wussten

Wichtig! Unregelmäßige Verben und Mischverben haben Vokalwechsel, zum Beispiel **kommen → kamen, wissen → wusste**.

Lerntipp: Man lernt unregelmäßige Verben am besten in der Präsens-, Präteritum- und Perfektform. Häufige Muster für die Vokalwechsel sind:

1	i – a – u	finden – fand – gefunden	trinken – trank – getrunken
2	ei – ie – ie	bleiben – blieb – geblieben	schreiben – schrieb – geschrieben
3	a – u – a	fahren – fuhr – gefahren	waschen – wusch – gewaschen
4	e – a – o	helfen – half – geholfen	sprechen – sprach – gesprochen

Vorsicht!

Es gibt viele Ausnahmen. Siehe die Verbliste im Kursbuch, Seiten 184–85.

4 Wie heißt es im Präteritum?

Setzen Sie die richtige Form ein.

a Als Kind _____ er in einer Kleinstadt
_____. (aufwachsen)

b Er _____ seinen Eltern gern bei der
Hausarbeit oder im Garten. (helfen)

c Er _____ ein aktives Kind und _____ gern
Fußball. (sein, spielen)

d Er _____ gern in die Schule und das Lernen
_____ ihm Spaß. (gehen, machen)

e Als Teenager _____ er die Kleinstadt ein
bisschen zu langweilig. (finden)

f Er _____ davon, in einer Großstadt zu
wohnen. (träumen)

g Nach der Schule _____ er sich um einen
Ausbildungsplatz und _____ mit 18 nach
Stuttgart. (bewerben, ziehen)

h Die Stadt _____ ihm sehr gut und er _____
nach der Ausbildung dort. (gefallen, bleiben)

5 Zeigen Sie, was Sie können

Setzen Sie den Präsenssatz i. ins Präteritum
und dann ii. ins Perfekt.

Beispiel
Tanja *schreibt* eine SMS. →
i. Tanja *schrieb* eine SMS. ii. Sie *hat* eine SMS
geschrieben.

a Sie sprechen viel mit ihrer Tochter.

b Bastian fährt in den Urlaub.

c Sie heiratet mit 20.

d Er bleibt mit seiner Freundin zusammen.

e Er wäscht das T-Shirt mit der Hand.

f Nach der Arbeit trinkt er gerne ein Glas
Rotwein.

g Sie verbringt viel Zeit im Fitnessstudio.

h Wer gewinnt das Rennen?

i Weißt du die Antwort?

Grammatik (2)

Als und *wenn* in der Vergangenheit

Man benutzt **als** für (1) ein einmaliges
Ereignis oder (2) einen längeren Zeitraum:
Als er 18 Jahre alt wurde, machte er eine
große Party.
Als ich ein Kind war, habe ich in einer
Kleinstadt gelebt.

Man benutzt **wenn** für wiederholte
Ereignisse oft mit **immer, meistens, jedes
Mal** etc.
Immer **wenn** ich meine Oma besuchte,
schenkte sie mir Schokolade.
Wenn ich nach London kam, regnete es
jedes Mal.

Nicht vergessen – **als** und **wenn** leiten
einen Nebensatz ein und das Verb geht ans
Ende.

6 Was passt – *als* oder *wenn*?

a _____ er sechs Jahre alt war, ging er in die
Grundschule.

b _____ er 10 Jahre alt war, wechselte er auf
eine weiterführende Schule.

c Sie freute sich jedes Mal, _____ sie ein Eis
bekam.

d _____ sie ein Teenager war, hörte sie viel
Grunge-Musik.

e Sie feierte eine große Party, _____ sie 18
Jahre alt wurde.

f _____ er in Berlin war, besuchte er immer
seine Schwester.

g Meistens aß er Popcorn, _____ er ins Kino
ging.

7 Und jetzt Sie

Beantworten Sie die Fragen. Schreiben und sprechen Sie dann.

a Wo lebten Sie, als Sie ein Kind waren?
Als ich ein Kind war, lebte ich

_____.

b Was machten Sie gern, als Sie ein Kind waren?
Als ich ein Kind war, _____

c Was für Musik hörten Sie, als Sie ein Teenager
waren?_____

d Was für Kleidung trugen Sie, als Sie ein
Teenager waren?_____

e Was wollten Sie werden/machen, als Sie mit
der Schule fertig waren?_____

f Was dachten Sie, als Sie das erste Mal
Deutsch hörten?_____

Mehr Vokabeln

Mehr Familienformen

die Patchworkfamilie (-n) _blended family
(where at least one partner already has
children)_
die Regenbogenfamilie (-n) _rainbow family
(with same-sex parents)_
alleinerziehender Vater _single father_
alleinerziehende Mutter _single mother_

Teil C

1 Vokabeln – Migration und Gesellschaft

-gefühl -hintergrund -arbeiter -land
-wohner -ung -angehörigkeit -ion
-punkt
---

a das Heimat**gefühl**
b die Gast_____

c das Einwanderungs_____
d die Staats_____
e der Migrations_____
f die Integrat_____
g die Zuwander_____
h die Ein_____
i der Lebensmittel_____

2 Nomen und Verb

Ergänzen Sie.

a die Zuwanderung – z __ w __ __ d e r n
b die Emigration – e m i g r __ __ r __ __
c der A n __ __ i e g – ansteigen
d die Zunahme – z u n __ h __ __ __
e der F __ __ __ – fallen
f die Abnahme – a b n e h __ __ __

Vokabeln

der Anstieg (-e)   _increase, rise_
die Zunahme (-n)   _increase_
die Abnahme (-n)   _reduction, drop_

---

3 Ausländer in Deutschland

Lesen Sie den Text auf Seite 90 und beantworten Sie die Fragen.

a Wie viele Menschen aus dem Ausland lebten
Ende 2017 in Deutschland?

b Was ist der Grund für den Anstieg?

c Was sagt der Text über Zuwanderer aus
Syrien, Afghanistan und dem Irak?

d Aus welchen drei Ländern stammen die
meisten Ausländer?

Woher kommen die meisten Ausländer in Deutschland?

Noch nie lebten so viele Menschen ausländischer Herkunft in Deutschland wie jetzt. Ende 2017 waren mehr als 10,6 Millionen Personen mit ausschließlich ausländischer Staatsangehörigkeit erfasst.

Der wichtigste Grund für den Anstieg ist, dass mehr Menschen aus der Europäischen Union (EU) zuwanderten. Die meisten Menschen kamen in den vergangenen Jahren aus Polen, Rumänien und Bulgarien.

Die Zuwanderung aus Staaten außerhalb der Europäischen Union nahm dagegen in den vergangenen Jahren ab. Besonders aus Syrien, dem Irak und Afghanistan kamen seit 2016 deutlich weniger Menschen nach Deutschland.

Hier ist eine Übersicht:

Ausländer in Deutschland

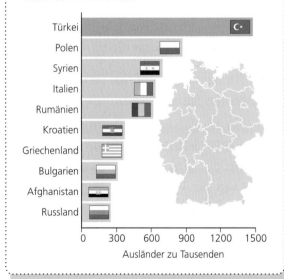

Ausländer zu Tausenden

Was haben Sie schon gewusst? Was hat Sie überrascht?

Grammatik (1)

Zahlen – nicht vergessen:

1 Zahlen schreibt man im Deutschen als ein Wort:
126 = (ein)hundertsechsundzwanzig,
7397 =
siebentausenddreihundertsiebenundneunzig.

2 Lange Zahlen kann man mit einem Punkt oder einen Zwischenraum *(space)* trennen:
870.000, 1.430.000 → 870 000, 1 430 000.

3 Bei Dezimalzahlen setzt man ein Komma:
10,6 Millionen, 18,4 Prozent.

4 Bei Jahreszahlen benutzt man keine Präposition. Man sagt: Sie wurde 1972 (neunzehnhundertzweiundsiebzig) geboren. Er wurde 2015 (zweitausendfünfzehn) geboren.

5 Dekaden beschreibt man so: **in den 60er-Jahren**, **in den 1980er-Jahren** oder **in den Sechzigerjahren**, **in den Neunzehnhundertachtzigerjahren**.

6 Ordinalzahlen *(der zwei**te**, am zwanzig**sten*** etc.) haben Endungen wie Adjektive *(siehe Kursbuch, Seiten 116 und 120)*.

4 Berühmte Personen

Geben Sie alle Details an. Schreiben und sprechen Sie dann.

Beispiel
Luther, Martin, *10. November 1483 Eisleben →
Martin Luther ist am zehnten November 1483 (vierzehnhundertdreiundachtzig) in Eisleben geboren.

a Goethe, Johann Wolfgang von, *28. August 1749 Frankfurt am Main

b Mozart, Wolfgang Amadeus, * 27. Januar 1756 Salzburg

c Merkel, Angela, *17. Juli 1954 Hamburg

d Kerber, Angelique, *18. Januar 1988 Bremen

5 Sagen Sie es anders

Ersetzen Sie die Jahreszahlen in kursiv mit der Dekade. Schreiben und sprechen Sie dann.

Beispiel
Von 1960 bis 1969 gab es viele Studentenproteste. →

In den 1960er-Jahren gab es viele Studentenproteste.

a Die Band hatte ihre beste Zeit *von 70 bis 79.*

b Von *1920 bis 1929* war Berlin für sein Nachtleben berühmt.

c Von *81 bis 89* gab es in der DDR viele Proteste gegen die Regierung.

d Von *1990 bis 1999* emigrierten viele Leute aus der ehemaligen Sowjetunion nach Deutschland.

Grammatik (2)

Wortbildung – Adjektive mit *-isch*

Viele Adjektive im Deutschen enden auf **-isch**, zum Beispiel:
Ausland → ausländisch Typ → typisch

Nomen, die auf **-mus** oder **-ie** enden, bilden die Adjektive normalerweise auf **-isch**:
Optimis*mus* → optimist**isch**   Fantas*ie* → fantast**isch**
Pessimis*mus* → pessimist**isch**   Sympath*ie* → sympath**isch**

Auch Adjektive, die sich auf Nationalitäten beziehen, enden auf **-(i)sch**:
deut**sch**, eng**lisch**, pol**nisch**, türk**isch** etc.

Vorsicht! Manchmal braucht man einen Umlaut: Ausland → ausl**ä**nd**isch**
Endet das Nomen auf **-e**, entfällt das **-e** beim Adjektiv: Mode → mod**isch**

6 Nomen und Adjektiv

Ergänzen Sie.

a der Alkohol – *alkoholisch*

b das Symbol – _____

c die Biologie – _____

d die Chemie – *chemisch*

e die Ökologie – _____

f die Demokratie – _____

g die Energie – _____

h die Politik – *politisch*

i die Kritik – _____

j der Optimismus – _____

k der Materialismus – _____

l die Mode – _____

m die Laune – _____

7 Welches Adjektiv passt am besten?

> ~~sympathisch~~ – praktischer – akademisch –
> föderalistisches – launisch – nationalistisch
> – demokratisch – optimistisch – pedantisch –
> unpolitisch – altmodische – politischer

a Er ist sehr nett. Ich finde ihn sehr **sympathisch**.

b Seine Stimmung ändert sich oft. Er ist

_____.

c Er lebt zu sehr in der Vergangenheit. Er hat

_____ Ideen.

d Sie interessiert sich für Politik. Sie ist ein

_____ Mensch.

e Er findet Politik langweilig. Er ist _____.

f Sie denkt, ihr Land ist sehr wichtig. Sie denkt

_____.

g Leute können mitbestimmen. Die Struktur ist

sehr _____.

h Der Bund und die Länder teilen sich die

Macht. Es ist ein _____ System.

i Sie lernt gern und mag Theorie. Sie ist sehr

_____.

j Er arbeitet gern mit seinen Händen. Er ist ein

_____ Mensch.

k Sie nehmen alles zu genau. Sie sind zu

_____.

l Trotz aller Probleme denkt sie positiv. Sie ist

_____.

Mehr Vokabeln

Weltanschauungen

Katholizismus – katholisch
Protestantismus – protestantisch
Christentum – christlich
Islam – islamisch

Hinduismus – hinduistisch
Buddhismus – buddhistisch
Judentum – jüdisch
Atheismus – atheistisch

💬 Und jetzt Sie.
Mein Mini-Projekt

Besuch in Berlin-Kreuzberg

Sie sind mit einer Delegation aus Ihrer
Heimatstadt (oder der Stadt, in der Sie
jetzt leben) in Berlin. Am Morgen haben Sie
eine Sitzung des Bundestags gesehen. Am
Nachmittag besuchen Sie eine Schulklasse in
Berlin-Kreuzberg. Kreuzberg ist ein gemischter
Stadtteil und hat einen Ausländeranteil von

über 30 Prozent. Sie sollen den Kindern
erklären, wie das politische System in Ihrem
Land funktioniert, wer im Moment regiert,
ob es viele Leute mit Migrationshintergrund
gibt und woher die meisten Leute mit
ausländischen Wurzeln kommen.

Hier sind einige Redewendungen, die Sie
benutzen können. Viel Spaß.

_Hallo, ich möchte mich erst einmal vorstellen.
Ich heiße …_

_Wie ihr wahrscheinlich wisst, komme ich aus XY.
XY ist ein Nachbarland von Deutschland / liegt
in Asien / in Südamerika etc._

_Ähnlich wie in Deutschland haben wir eine
parlamentarische Demokratie. Unser Parlament
hat seinen Sitz in … und … /_

*Anders als in Deutschland haben wir keine
parlamentarische Demokratie, sondern …*
Die wichtigsten Parteien sind …
Im Moment regiert …
*Unser Staatsoberhaupt ist … / Vielleicht kennt
ihr ja auch …*
*Bei uns in XY ist der Ausländeranteil relativ
hoch/niedrig.*

*Insgesamt haben etwa … Prozent der
Bevölkerung einen Migrationshintergrund.*
*Die meisten Menschen mit ausländischen
Wurzeln kommen aus … und …*
*Ich hoffe, ich habe euch ganz gut erklären
können, …*
Wenn ihr mehr wissen wollt, …

Testen Sie sich

Am Ende von jedem Kapitel können Sie testen, was Sie gelernt haben. Es gibt immer 30
Punkte.

I Der, die oder das?

Ein ½ Punkt für jeden richtigen Artikel.

a ____: Integration, Migration, Generation

b ____: Idealismus, Kapitalismus, Sozialismus

c ____: Parlament, Dokument, Instrument

d ____: Musik, Kritik, Republik   ___ / 2

2 Unregelmäßige Verben

Ergänzen Sie.

Präsens	Präteritum	Perfekt
bleiben		
		gefahren
sprechen		
	traf	

___ / 4

3 *Als* oder *wenn*?

a _____ ich gestern im Park joggte, fing es an zu regnen.

b Ich fuhr immer Ski, _____ es im Winter schneite.

c _____ ich ein Kind war, träumte ich davon, in Kalifornien zu leben.   ___ / 3

4 Aktiv- und Passivsatz.

Ergänzen Sie.

a Bei einem _____satz liegt der Schwerpunkt auf der Aktion / dem Gegenstand.

b Bei einem _____satz liegt der Fokus auf dem Subjekt / der handelnden Person. ___ / 2

5 Wie heißt es im Passiv?

Beispiel: Johann Wolfgang von Goethe schrieb *Faust*. →

Faust wurde von Goethe geschrieben.

a Albert Einstein entwickelte die Relativitätstheorie.

b Wolfgang Amadeus Mozart komponierte *Die Zauberflöte*.

c Die Bürgermeisterin gewann die Wahl. ___ / 6

6 Welches Wort passt nicht?

a Anstieg: *zunehmen, sich erhöhen, ansteigen, abnehmen*

b Parteien: *SPD, CDU, DDR, Die Grünen*

c Migration: *Gastarbeiter, Wahlsystem, Flüchtling, Zuwanderer* ___ / 3

7 Und zum Schluss: Wissen und Kultur

a Das Parlament in Deutschland heißt der Bundestag und in Österreich heißt es der _____rat.

b In beiden Ländern führt der Bundes_____ / die Bundes_____in die Regierung.

c Der Bundespräsident hat in Österreich und Deutschland nur _____ Aufgaben.

d Die Schweiz ist in 26 _____ aufgeteilt.

e Das Besondere an dem System in der Schweiz ist, dass es Elemente von einer _____ Demokratie hat.

f Die Anzahl von Menschen ausländischer Herkunft in Deutschland ist in den letzten Jahren an_____.

g Die größte Gruppe stammt aus der _____.

h Danach kommen Menschen aus _____ und _____.

i Die meisten Ausländer stammen aus der _____ Union. ___ / 10

Gesamt
_____ / 30

8 | Fitness, Gesundheit und Reisen

Teil A

1 Welche Sportart ist das?

a Es ist eine alte Lehre aus Indien und besteht aus Übungen, die zur besseren Körperbeherrschung, Entspannung und Konzentration führen: __ __ g __ .

b Es gibt 22 Spieler, zwei Tore, und wer die meisten Tore schießt, gewinnt das Spiel. Es ist die wahrscheinlich populärste Sportart der Welt: __ __ __ b __ __ __ .

c Ein Ballspiel, das von zwei oder vier Spielern gespielt wird. Man muss einen Ball mit einem Schläger über das Netz schlagen. Der bekannteste Spielort ist Wimbledon: T __ __ __ __ __ .

d Diese Sportart macht man im Wasser. Techniken sind Brust, Rücken, Butterfly oder Freistil. Es soll sehr gut für den Rücken sein: S c h __ __ __ __ __ __ .

e Dazu gehören zum Beispiel Hochsprung, Weitsprung, Diskuswerfen oder der Hundert-Meter-Lauf: L e i c h t a t h __ __ t __ k.

f Es ist ein Wintersport: Man fährt einen Berg oder Hügel hinunter; zwei Stöcke helfen, die Balance zu halten: S __ __ f __ __ __ __ __ .

g Es ist ein systematisches Ganzkörpertraining und kräftigt die Muskulatur, besonders die Bauch- und Rückenmuskulatur: P __ __ __ t __ __ .

h Der Sport kommt aus Skandinavien. Man geht schnell und benutzt dabei zwei Stöcke. Es ist gut für das Herz und den Kreislauf: N __ __ d __ __ __ __ __ k __ __ __ .

i Dieser Sport ist seit ein paar Jahren extrem populär. Meistens treibt man ihn in einem Gebäude und an Geräten: F i __ n __ __ __ __ und W __ __ k __ __ t.

Vokabeln

die Körperbeherrschung (-en)	*body control*
der Schläger (-)	*racket*
der Stock (-¨e)	*stick*

---

2 Welches Verb passt?

~~ausüben~~ – machen – schießen – gehen – schwimmen – eintreten – hinunterfahren – schlagen – gewinnen – spielen – bezahlen – kräftigen – teilnehmen

a eine Sportart: *ausüben*

b im Wasser: _____

c ein Tor: _____

d einen Ball mit dem Schläger über das Netz: _____

e ein Spiel, einen Wettbewerb: _____

f Rugby, Basketball, Cricket: _____

g Outdoorsport, Tai-Chi, Zirkeltraining: _____

h einen Berg: _____

i die Muskulatur: _____

j an den Start: _____

k an einem Kurs: _____

l in einen Fitnessclub: _____

m den Monatsbeitrag: _____

3 Du musst an deinen Schwächen arbeiten

Lesen Sie das Interview mit dem Personal Trainer Tim Berger und machen Sie Notizen zu den folgenden Punkten.

a Tims sportlicher Background
b Ausbildung/Berufserfahrung
c Was beim Training wichtig ist
d Was ein Personal Trainer können muss
e Was ihn motiviert

Tim Berger ist ein erfolgreicher Personal Trainer. Im folgenden Interview gibt er Tipps zum Training und spricht über seinen Beruf. Mareike Pohl stellt die Fragen.

Hi Tim. Wie bist du eigentlich Personal Trainer geworden?

Ich war in meiner Jugend einige Jahre lang Leistungssportler im Triathlon. Nach der Schule habe ich ganz klassisch als Fitnesstrainer in einem Fitnessstudio angefangen und dann Sportwissenschaften studiert. Nach dem Studium habe ich in verschiedenen Instituten gearbeitet. Heute habe ich mein eigenes Studio in Stuttgart.

Welche Tipps hast du in Bezug auf Trainingspläne?

Wichtig ist die Kontinuität. Das heißt, wenn ich einen Trainingsprozess beginne, kann es nur etwas bringen, wenn ich regelmäßig und kontinuierlich trainiere. Ich muss längerfristig planen. Ein anderer wichtiger Punkt ist: Ich muss meine Stärken und Schwächen kennen. Ich muss versuchen, an meinen Schwächen zu arbeiten und sie an meine Stärken anzugleichen. So gewinnt man eine bessere Balance in seinem Körper.

Welche Eigenschaften sollte ein guter Personal Trainer haben?

Man muss sich auf jeden einzelnen Klienten individuell einstellen können und sehen, wo dieser wirklich steht. Als Personal Trainer muss ich andere motivieren können. Der Trainer und der Kunde sollten aber auch realistisch sein und dürfen keine zu hohen Erwartungen haben.

Was macht dir am meisten Spaß am Beruf Personal Trainer?

Natürlich der Kontakt mit den Klienten. Für mich gibt es nichts Schöneres, als wenn ein Kunde nach einer Trainerstunde mit einem Lächeln nach Hause geht. Wenn er dann noch nach einigen Wochen harter Arbeit zu mir kommt und über die ersten sichtbaren Erfolge berichtet, dann ist das ein wirklich gutes Gefühl und auch Motivation für mich.

Vokabeln

der Leistungssportler (-) / die Leistungssportlerin (-nen)	*competitive athlete*
an|gleichen	*here: to bring into line, to adjust*
sich einstellen auf (+ Akk.)	*to adapt to*
sichtbar	*visible, apparent*

---

4 Fünf Tipps vom Profi

Was sollte man beachten, wenn man trainiert? Lesen Sie das Interview mit Tim Berger noch einmal und ergänzen Sie die Liste.

1 Man sollte regelmäßig und _____ .

2 Man muss längerfristig _____ .

3 Man muss versuchen, an seinen _____ .

4 Man muss seine Schwächen _____ .

5 Man sollte realistisch _____ .

Grammatik

Konjunktiv II

Der **Konjunktiv II** ist eine besondere Verbform. Damit kann man zum Beispiel etwas *Irreales/ Hypothetisches* ausdrücken (oft einen Wunsch) oder etwas *höflicher* sagen:

irreal   Wenn es doch nur wärmer **wäre**!
höflich   Ich **hätte** eine Frage.

Meistens benutzt man den **Konjunktiv II** mit **haben** und **sein** (**hätten, wären**), **werden** (**würden**) und den Modalverben **dürfen** (**dürften**), **können** (**könnten**), **mögen** (**möchten**), **sollen** (**sollten**), **wollen** (**wollten**).

Für fast alle anderen Verben bildet man den **Konjunktiv II** normalerweise mit **würden** + *Infinitiv*:
Wenn ich doch nur im Lotto **gewinnen würde**!
An deiner Stelle **würde** ich weniger **arbeiten**.

Mehr Informationen finden Sie im Kursbuch auf den Seiten 127 und 138/39.

5 Welcher Ratschlag passt zu welchem Problem?

Verbinden Sie.

1 Er hat Gäste eingeladen, aber er weiß nicht, was er kochen soll.	**a** An ihrer Stelle würde ich sie umtauschen.
2 Mein linkes Knie tut seit ein paar Wochen weh.	**b** An deiner Stelle würde ich trotzdem ins Konzert gehen.
3 Sie meint, dass die neuen Schuhe zu klein sind.	**c** An seiner Stelle würde ich ein paar Foodblogs anschauen.
4 Ich habe in zwei Wochen eine wichtige Prüfung.	**d** Ihr könntet vielleicht einen Ausflug ans Meer machen.
5 Ich finde, die Konzerttickets sind zu teuer.	**e** An eurer Stelle würde ich mit ihnen reden.
6 Ich bin oft so müde.	**f** Wenn ich Sie wäre, würde ich sehr bald mit dem Lernen anfangen.
7 Wir wissen nicht, was wir am Wochenende machen sollen.	**g** Wenn ich du wäre, würde ich zum Orthopäden gehen.
8 Unsere Nachbarn sind abends oft sehr laut.	**h** Vielleicht solltest du mehr schlafen.

6 Wie heißt es im *Konjunktiv II*?

Ergänzen Sie alle Formen für *haben, sein, werden, können* und *müssen.*

a ich hätte, du hätt____, Sie hätt____, er/sie/es hätt____, wir hätt____, ihr hätt____, Sie hätt____, sie hätt____.

b ich wär____, du wär____, Sie w____, er/sie/es wär____, wir w____, ihr wär____, Sie w____, sie wär____.

c ich würd____, du w____, Sie würd____, er/sie/es würde, wir w____, ihr würd____, Sie w____, sie würd____.

d ich könnte, du könnt____, Sie könnt____, er/sie/es könn____, wir k____, ihr könn____, Sie könnt____, sie k____.

e ich müsst____, du müsst____, Sie müss____, er/sie/es mü____, wir müsst ____, ihr müsst ____, Sie müsst ____, sie m ____.

7 Realität und Wünsche

Was wünschen sich die Leute?

Beispiel
Svenja hat wenig Freizeit. → Sie *hätte* gern mehr Freizeit.
Sie tanzt nicht gut. → Sie *würde* gern besser *tanzen.*

a Lea hat keinen Führerschein.

_____

b Sie ist oft unpünktlich.

_____

c Sie reist nicht viel.

_____

d Matt ist nicht sehr praktisch.

_____

e Er spricht kein Arabisch.

_____

f Er arbeitet zu viel.

_____

g Julian kocht nicht gut.

_____

h Er hat nicht so viele Likes auf seinem Instagram-Account.

_____

i Er isst zu viele Süßigkeiten.

_____

Und Sie? Was hätten/wären Sie gern? Finden Sie ein paar Beispiele.

8 Sagen Sie es höflicher

Setzen Sie das Verb in _kursiv_ in den _Konjunktiv II_. Schreiben Sie und sprechen Sie dann.

Beispiel
Kann ich Sie etwas fragen? →
Könnte ich Sie etwas fragen?

a _Können_ Sie mir helfen?
b Wir _können_ uns auch morgen treffen.
c Er _muss_ kontinuierlicher trainieren.
d Was _muss_ ich für einen Jahresbeitrag bezahlen?
e Ich glaube, dass das nichts für mich _ist_.
f _Seid_ ihr bereit, am Wochenende zu arbeiten?
g Wir _müssen_ gegen 19.00 Uhr Schluss machen.
h _Haben_ Sie heute Abend Zeit?

i _Hast_ du Lust, mit uns laufen zu kommen?
j _Kannst_ du mir einen Kaffee mitbringen?

Mehr Vokabeln
Gesundheitstrends

die Low-Carb-Diät (-en)	low-carb diet
das Intervall-Fasten (no pl)	intermittent fasting
die Rohkost (no pl)	raw food

Teil B

I Vokabeln – Familie, Arbeit, Gesundheit

Bilden Sie Nomen.

gleich – zeit – ~~leben~~ – tag – störung – leben – ung – anspruch – kind – faktor – druck – schmerzen – abend

a das Familien**leben**
b der All_____
c die Frei_____
d das Berufs_____
e der Stress_____
f der Selbst_____
g die Schlaf_____
h die Kopf_____
i der Dauer_____
j die innere Einstell_____
k der Feier_____
l der Aus_____
m das Enkel_____

2 Was passt zusammen?

Verbinden Sie.

1 Ich muss meine zwei kleinen	a ihre Eltern kümmern.
2 Ich habe viele neue Leute	b Hobbys nachgehen.
3 Außerdem muss sie sich um	c finden.
4 Endlich kann ich meinen	d das Berufsleben miteinander zu vereinbaren.
5 Mein Mann ist eine große Hilfe und	e Kinder aufziehen.
6 Es ist schwierig, die Familie und	f am Wochenende abzuschalten.
7 Man muss eine gute Work-Life-Balance	g an der Uni kennengelernt.
8 Viele finden es schwierig,	h unterstützt mich.

3 Das kann man auch anders sehen

Drücken Sie das Gegenteil aus.

a Stress ist immer negativ. – Stress kann auch
   p o s i t i v sein.

b Der Druck hat abgenommen. – Der Druck
   hat z _ g e n o _ m e n.

c In Niedersachsen ist die Zahl niedriger. – In
   Bayern ist die Zahl h _ h _ _.

d Es ist schwieriger geworden. – Es ist
   e i n f _ _ _ e r geworden.

e Menschen zwischen 35 und 45 haben den
   meisten Druck. – Die Rentner sind die
   e n t _ _ a n n t _ s t _ n Deutschen.

f Es liegt an den äußeren Umständen. – Es kann
   auch an der i n n _ r _ n Einstellung liegen.

g Ein stressfreier Arbeitsplatz ist möglich. – Ein
   stressfreier Arbeitstag ist keine U _ _ -
   p _ _.

Die 8 größten Stressfaktoren der Deutschen

1. Die Arbeit. 2. Hohe Ansprüche an sich selbst. 3. Zu viele Termine in der Freizeit. 4. Teilnahme am Straßenverkehr. 5. Ständige Erreichbarkeit. 6. Schwere Krankheit einer nahestehenden Person. 7. Konflikte mit einer nahestehenden Person. 8. Tätigkeiten im Haushalt.

Grammatik (1)

Meinungsäußerungen

Es gibt viele Möglichkeiten, eine Meinung zu äußern. Hier sind einige Beispiele:

Gedanken/Meinungen äußern
Ich finde/denke/meine/glaube, dass …
Ich bin der Meinung/Ansicht, dass …
Meiner Meinung/Ansicht nach …

Zustimmung
Da haben Sie recht. / Da stimme ich (Ihnen) zu.
Ich teile Ihre Meinung.

Zweifel/Ablehnung
Da bin ich mir nicht so sicher.
Da haben Sie unrecht. / Da bin ich anderer Meinung.

Vorschläge machen
Ich schlage vor, …
Ich hätte da eine Idee.

Tipp: Formelle Meinungsäußerungen bildet man oft mit dem Genitiv:
Ich bin **der** Meinung/Ansicht … *In my opinion/view …*
Meines Wissens … *To my knowledge …*
Meines Erachtens … *In my opinion …*

4 Wohin gehört das?

Ordnen Sie zu.

> ~~Das denke ich auch.~~ – Ich finde, dass ... – Das glaube ich dir nicht. – Das sehe ich anders. – Wir meinen, dass ... – Ich würde vorschlagen, dass ... – Meines Wissens ... – Das stimmt. – Meiner Ansicht nach ... – Da stimme ich Ihnen nicht zu. – Ich hab' da eine Idee. – Warum versuchen wir es nicht? – Das ist richtig. – Da bin ich (ganz) deiner Meinung. – Da bin ich anderer Meinung. – Wir könnten vielleicht ...

Gedanken/Meinungen	Zustimmung	Zweifel/Ablehnung	Vorschläge machen
	Das denke ich auch.		

5 Sagen Sie es komplizierter

Schreiben Sie die Sätze um. Tipps zu Adjektivendungen finden Sie auf der nächsten Seite.

Beispiel
Der Film war gut. →
Ich bin der Meinung, dass es *ein guter Film war*.

a Der Roman ist wirklich spannend.

Ich meine, dass es _____ .

b Die Idee ist ausgezeichnet.

Ich glaube, dass es _____ .

c Die Stadt ist hektisch, aber auch sehr interessant.

Ich finde, dass es _____ .

d Das Training ist sehr intensiv.

Ich bin sicher, dass es _____ .

e Die Firma ist sehr alt.

Meines Wissens ist es _____ .

f Die Leute sind wirklich professionell.

Meiner Meinung nach sind es _____ .

Grammatik (2)

Adjektivendungen

Nicht vergessen: Steht das Adjektiv vor einem Nomen, braucht es eine Endung. Im *Nominativ* nach dem unbestimmten Artikel (**ein, eine**) sind die Endungen wie folgt:

(m)   Ich denke, er ist ein begabt**er** Schauspieler.
(f)   Ich bin der Ansicht, dass es eine sehr gut**e** Kamera ist.
(nt)   Wir denken, dass es ein preiswert**es** Fitnessstudio ist.
(pl)   Sie sind sehr humorvoll**e** Typen.

Mehr Informationen über Adjektivendungen, siehe Kapitel 6.

6 Welche Präposition fehlt?

> für – mit – über – gegen – von – zu – über

a Was halten Sie _____ dem neuen Chef?
b Was denkst du _____ die Sache?
c Ich sehe das skeptisch. Ich bin _____ deinen Vorschlag.
d Die Idee ist gut. Ich bin _____ deinen Vorschlag.
e Da stimme ich dir _____.
f Wie ist deine Meinung _____ das Thema?
g Ich bin _____ der Entscheidung nicht einverstanden.

7 Und jetzt Sie

Beantworten Sie die Fragen. Benutzen Sie Redewendungen aus Übung 4 und begründen Sie Ihre Antworten in mindestens drei Sätzen. Schreiben Sie und sprechen Sie dann.

a Denken Sie, dass Ihr Leben in den letzten Jahren stressiger geworden ist? Warum? Warum nicht?

b Was sind Ihrer Meinung nach die größten Stressfaktoren?

c Glauben Sie, dass Stress immer negativ ist?

d Man sagt: „Sport ist Mord". Stimmen Sie diesem Spruch zu?

e Fußballprofis verdienen heutzutage viel zu wenig. Denken Sie das auch?

f Die Rolling Stones sind die beste Musikband aller Zeiten. Stimmt das?

g Was sind Ihrer Ansicht nach die drei besten Filme?

Mehr Vokabeln

Das ist Blödsinn.	*That's nonsense.*
Das ist Quatsch.	*That's rubbish.*
Das macht keinen Sinn.	*This doesn't make sense.*

Teil C

1 Was für ein Urlaubstyp sind Sie?

Fünf Personen erzählen über ihre Urlaubsgewohnheiten. Was für Urlaubstypen sind sie:
der Abenteurer, das Partytier, der Faulenzer, der Heimaturlauber, der Aktivurlauber?
Ordnen Sie zu.

---

a Im Urlaub habe ich endlich einmal Zeit, mich mehr zu bewegen. Wenn ich kann, buche ich
mich in ein Wellnesshotel ein, wo es ein gutes Angebot an Kursen und Anwendungen gibt.
Im Winter fahre ich am liebsten in den Bergen Ski. (_____)

b Am Pool oder am Strand liegen, vielleicht ein Buch lesen und in den Tag hineinträumen –
so sieht mein perfekter Urlaub aus. Einfach mal nichts tun, keine Pläne machen und keine
Termine haben – das bedeutet pure Entspannung für mich. (_____)

c Im Urlaub möchte ich viel feiern und Spaß haben – schlafen kann ich ja, wenn ich wieder zu
Hause bin. Letztes Jahr war ich auf Ibiza und dieses Jahr möchte ich mit ein paar Freunden
nach Lloret de Mar fahren. (_____)

d Warum weit verreisen und die Umwelt belasten, wenn es doch auch im eigenen Land so viele
schöne Orte und Landschaften gibt? Seit ein paar Jahren mieten wir eine Ferienwohnung im
Schwarzwald, und mich überrascht immer wieder, wie viel Neues man dort entdecken kann.
(_____)

e Urlaub an einem Ort – das ist nichts für mich. Am liebsten bin ich mit dem Rucksack
unterwegs und steige in kleinen Hostels ab oder mache Couchsurfing. Ich finde, so kann man
am besten Land und Leute kennenlernen. (_____)

Und Sie? Was für ein Urlaubstyp sind Sie? Schreiben Sie einen kurzen Text.

Vokabeln

die Anwendung (-en)	*here: treatment*
belasten	*here: to harm*
ab|steigen	*here: to stay, to stop off*

---

2 Welches Wort passt nicht?

a	Hamburg:	*Szeneviertel, Musicalstandort, Shopping, ~~Brandenburger Tor~~*
b	Ostsee:	*Wasserqualität, Zugspitze, Strandkorb, Familienurlaub*
c	Skiurlaub:	*Piste, Rucksackurlaub, Après-Ski, Skilift*
d	Pauschalurlaub:	*Sonderangebot, Reisebüro, All-inclusive, Individualtourismus*
e	Unterkünfte:	*Heimaturlaub, Ferienbauernhof, Ferienwohnung, Pension*
f	Campingurlaub:	*Wohnwagen, All-inclusive, Zelt, Taschenlampe*
g	Freiwilligenarbeit:	*Waisenhäuser, Kindergärten, Last-Minute, kirchliche Einrichtungen*

Grammatik (1)

Tipps zur Pluralbildung

Typische Pluralendungen sind:

- Maskuline Nomen: **-e** oder **-¨e** → der Kurs – Kurse; der Plan – Pläne

- Feminine Nomen: **-n** oder **-en** → die Reise – Reisen; die Meinung – Meinungen
  auch: **-¨e** → die Hand – Hände; die Stadt – Städte

- Neutrale Nomen: **-e** oder **-¨er** → das Problem – Probleme; das Land – Länder.

Nomen aus dem *Englischen* oder *Französischen* haben oft ein **-s** im Plural:
der Park – Parks; das Handy – Handys; das Ticket – Tickets.

Nomen mit den Endungen **-er, -el** oder **-en** haben oft die gleichen Singular- und Pluralformen oder benötigen einen Umlaut: das Zimmer – Zimmer; der Spiegel – Spiegel; der Regen – Regen; *mit Umlaut*: die Mutter – Mütter; der Hafen – Häfen.

Vorsicht! Es gibt natürlich Ausnahmen.

3 Bilden Sie die Pluralformen

i. maskulin	ii. feminin	iii. neutrum
der Urlaub → _____	die Reise → _____	das Angebot → _____
der Ort → _____	die Piste → _____	das Problem → _____
der Preis → _____	die Gästekarte → _____	das Turnier → _____
der Höhepunkt → _____	die Idee → _____	das Land → _____
der Kontrast → _____	die Attraktion → _____	das Gehalt → _____
der Termin → _____	die Gebühr → _____	das Weingut → _____
der Flug → _____	die Region → _____	
der Beitrag → _____	die Landschaft → _____	**iv. Nomen: -er, -el, -en**
der Campingplatz → _____	die Stadt → _____	die Tochter → _____
der Strand → _____	die Unterkunft → _____	der Level → _____
der Selbstanspruch → _____		der Wagen → _____

4 Wie heißt es im Plural?

Setzen Sie die Nomen in den Klammern in die Pluralform.

a Es gibt ein paar tolle Last-Minute-_____ . (Angebot)

b Was für _____ bevorzugt ihr? (Unterkunft)

c An der Nordsee gibt es sehr schöne _____ . (Strand)

d Ich mache normalerweise zwei _____ pro Jahr. (Urlaub)

e Die _____ hatten fast alle Verspätung. (Flug)

f Die _____ fand ich ein bisschen hoch. (Gebühr)

g Wir haben einige _____ besichtigt. (Weingut)

h Uns haben die _____ sehr gut gefallen. (Naturpark)

i In diesem Teil des Landes gibt es sehr unterschiedliche _____ . (Landschaft)

5 Tourismustrends

Lesen Sie den Text über Reisetrends in Deutschland. Was glauben Sie?

a Reisen Deutsche mehr oder weniger als früher?

b Was sind die beliebtesten Urlaubsländer?

c Was ist das beliebteste Ziel innerhalb Deutschlands?

d Welche Länder/Gebiete sind bei Fernreisen besonders beliebt?

Lesen Sie jetzt den Text und überprüfen Sie Ihre Antworten. Welche zusätzlichen Informationen können Sie im Text finden?

Deutsche bleiben Reiseweltmeister

Die Deutschen werden oft als Reiseweltmeister bezeichnet. Und das aus gutem Grund: Sie verreisen immer mehr und geben auch mehr Geld aus.

Im letzten Jahr haben 58 Prozent der Bundesbürger, und damit mehr als jeder Zweite, eine Reise von wenigstens fünf Tagen Dauer unternommen.

Deutschland ist dabei das beliebteste Reiseziel: Etwa jeder dritte Bürger hat seinen Urlaub im Inland verbracht (34,3 %). Im Ranking der einzelnen Bundesländer liegt Bayern an der Spitze vor der Küstenregion Mecklenburg-Vorpommern.

Nach Deutschland konnten sich die spanischen Urlaubsgebiete erneut als beliebtestes Reiseziel der Bundesbürger in Europa behaupten. Etwa jeder siebte Reisende verbrachte seinen Urlaub auf den Balearen, Kanaren oder dem spanischen Festland. Mit etwas Abstand folgt Italien auf dem zweiten Rang vor Österreich.

Die Gewinner der Reisesaison sind auch Fernreisen: Noch nie waren mehr Bundesbürger außerhalb Europas im Urlaub (13,1%). Besonders beliebt sind dabei die Karibik (Kuba), Dubai, China, Thailand, Indonesien, Sri Lanka und die Malediven.

Da das Reisen durch Billigfluggesellschaften und Airbnb immer günstiger wird, stieg auch die Zahl junger Leute unter 35 Jahren an, die eine Urlaubsreise unternahmen. Am reisefreudigsten ist aber immer noch die Gruppe der 35- bis 54-Jährigen.

Grammatik (2)

Konditionalsätze

Ein Konditionalsatz drückt aus, dass eine Handlung nur unter einer bestimmten Bedingung (*condition*) stattfinden kann. Es gibt *reale* und *irreale* Bedingungen:

real   Wenn ich Zeit habe, helfe ich dir.
irreal   Wenn ich nicht krank wäre, würde ich dich besuchen.

Reale Konditionalsätze stehen im *Präsens*, irreale im *Konjunktiv II*. Meistens werden sie mit **wenn** eingeleitet.

Nicht vergessen – *wenn*-Sätze sind Nebensätzen, das heißt, das Verb steht am Ende: Wenn ich Zeit **habe**, helfe ich dir.

Tipp: Im *gesprochenen* Deutsch benutzt man oft **dann**:
Wenn ich Zeit habe, **dann** helfe ich dir.
Wenn ich nicht krank wäre, **dann** würde ich dich besuchen.

Für mehr Informationen über **wenn**-*Sätze siehe auch Kapitel 4.*

6 Üben Sie den *Konjunktiv II*

Sie haben eine Weltreise gewonnen und können sechs Länder besuchen. Wohin würden Sie fliegen und was würden Sie machen? Sie können die folgenden Ausdrücke benutzen.

Zuerst … Dann … Danach … Anschließend … Zum Schluss … Als erstes/zweites/drittes Land … Als nächstes Land …

Beispiel
Zuerst würde ich nach Argentinien fliegen. In Buenos Aires würde ich einen Tangokurs machen, viel tanzen und das Nachtleben genießen. Ich würde auch ein paar Tage nach Patagonien fahren und dort wandern. Dann würde ich …

7 Seien Sie kreativ

Ergänzen Sie die Sätze. Benutzen Sie auch *dann*.

Beispiel
Wenn ich mehr Zeit hätte, *dann würde ich mehr mit meiner Familie unternehmen und auch mehr Sport machen.*

a Wenn ich mehr Zeit hätte, dann
_____ .

b Wenn ich mehr Geld hätte, dann
_____ .

c Wenn ich eine Sprache perfekt sprechen könnte, dann _____ .

d Wenn ich eine bekannte historische Person sein könnte, dann
_____ .

e Wenn ich mir meinen Traumjob aussuchen könnte, dann _____ .

f Wenn ich etwas in der Welt verändern könnte, dann _____ .

Mehr Vokabeln

der Massentourismus (no pl)   *mass tourism*
der Ökotourismus (no pl)   *ecotourism*
nachhaltiger Tourismus   *sustainable tourism*

💭 Und jetzt Sie. Mein Mini-Projekt

Tipps für den Urlaub

Ihr österreichischer Freund Sebastian („Basti") möchte im Sommer einen vierwöchigen Urlaub in Ihrem Land (oder einem Land, das Sie gut kennen) machen. Er möchte nicht nur an einem Ort bleiben, sondern herumreisen und verschiedene Teile des Landes sehen. Er interessiert sich für Städte und Kultur, vor allem für Musik, mag aber auch die Natur und ist ein leidenschaftlicher Schwimmer. Außerdem möchte er mehr über die Geografie, den Tourismus und Unterkünfte (inklusive Preise) wissen.

Schreiben Sie eine E-Mail an Basti und geben Sie ihm ein paar Tipps. Die folgenden Redemittel können Ihnen helfen.

Hallo Basti,

schön, dass du im Sommer nach XY kommst. Ich freue mich sehr.
Wie du weißt, ist XY ein Land mit vielen unterschiedlichen / nicht so vielen unterschiedlichen Landschaften.
Im Norden/Süden/Westen/Osten ...
Die beliebtesten Urlaubsregionen in unserem Land sind ...
Überhaupt hat der Tourismus in den letzten Jahren stark zugenommen/abgenommen. Das hat viele gute / nicht nur gute Seiten: ...

Wenn du dich für Städte und Kultur interessierst, dann musst du unbedingt ...
Dort gibt es ...
Ich weiß ja, dass du dich sehr für Musik interessierst. Da habe ich einen besonderen Tipp für dich: ...
Und wenn du ein paar Tage die Natur genießen möchtest, dann würde ich dir empfehlen, ...
Dort kannst du ...
Schwimmst du immer noch sehr gern? Dann solltest du ...
Was die Unterkünfte betrifft, so gibt es verschiedene Möglichkeiten. Es gibt ...
Preislich ...
Wenn du mehr wissen möchtest, ...
Viele Grüße
...

Testen Sie sich

Am Ende von jedem Kapitel können Sie testen, was Sie gelernt haben. Es gibt immer 30 Punkte.

---

1 **Wie heißen die Pluralformen?**

Erkennen Sie das Muster?

a _-en_: die Sportart, die Meinung, die Ausstattung, die Kreuzfahrt → *Sportarten, Meinungen, Ausstattungen, Kreuzfahrten*

b _____: die Hand, die Wand, die Stadt, die Unterkunft

c _____: der Raum, der Bauch, der Vertrag, der Campingplatz

d _____: der Rücken, der Sportmuffel, das Leben, das Waschbecken

e _____: der Pool, das Fitnessstudio, der Workout, das Ticket   ___ / 4

2 **Verben und Nomen.**

Ergänzen Sie.

a die Kinder a u f z __ __ h __ __

b die Familie und das Berufsleben miteinander __ __ __ e i n b a __ e n

c vom Stress a b s __ __ a __ t e n

d den Urlaub / das Nachtleben g e n __ __ ß __ n   ___ / 2

3 Was wünschen sich die Leute?

Benutzen Sie den Konjunktiv II.

Beispiel: Er macht nicht viel Sport. → *Er würde gern mehr Sport machen.*

a Er hat eine kleine Wohnung.

b Sie ist oft ungeduldig.

c Nele und Anton fotografieren nicht gut. _____ / 6

4 Konditionalsätze

Ergänzen Sie.

a Ein Konditionalsatz drückt aus, dass eine Handlung nur unter einer bestimmten _____ stattfinden kann.

b Meistens leitet man einen Konditionalsatz mit _____ ein. _____ / 2

5 Ordnen Sie die Sätze in kursiv

a Wenn man privat wohnt, *kennenlernen / man / kann / besser Land und Leute.*

b Wenn ich genug Zeit und Geld hätte, *ich / ein Jahr / im Ausland / verbringen / würde.*

c *ich / Wenn / in der Stadt / meiner Wahl / könnte / leben,* würde ich am liebsten in Wien leben. _____ / 3

6 Meinungen

Welche Ausdrücke haben eine ähnliche Bedeutung?

1 Ich finde, …	a Ich bin der Meinung, …
2 Ich bin der Ansicht, …	b Ich würde vorschlagen, …
3 Das sehe ich anders.	c Das denke ich auch.
4 Ich hätte eine Idee.	d Ich denke, …
5 Da stimme ich Ihnen zu.	e Da hast du unrecht.

_____ / 5

7 Und zum Schluss: Wissen und Kultur

Ergänzen Sie.

a Für einen Trainingsprozess ist es wichtig, regel_____ zu trainieren.

b Man muss seine Stärken und _____ kennen.

c Die größten Stressfaktoren für die Deutschen sind: 1. Die _____ ; 2. Hohe Selbstansprüche; 3. Zu viele _____ in der Freizeit.

d Die Deutschen reisen viel. Man nennt sie auch die Reise_____ .

e Die beliebtesten Reiseländer sind: 1. _____ ; 2. Spanien; 3. _____ .

f Innerhalb Deutschlands ist das populärste Reiseziel _____ . _____ / 8

Gesamt
_____ / 30

Auswertung: 25–30 Punkte: Großartig. Fangen Sie schnell mit Kapitel 9 an. 17–24 Punkte: Sehr gut. Wiederholen Sie noch einmal die Punkte, die Sie nicht verstanden haben. 16 Punkte und weniger: Gut gemacht. Wir würden aber vorschlagen, dass Sie dieses Kapitel noch einmal gründlich wiederholen.

9 | Deutschland heute

Teil A

1 Wie heißen die Wörter?

a Das Klima ändert sich:
der K l _ _ a w _ _ _ d _ l

b Man teilt den Müll: die M ü _ _ t r _ n -
_ _ _ g

c Dorthin kommt der Plastikmüll: der G e l b e
S _ _ _

d Kommen in die blaue Tonne:
P a _ _ _ r und Z e i t _ _ _ _ _

e Zum Einkaufen gedacht, verschmutzen oft die
Meere: P l a _ _ _ _ t ü t _ _

f Man bekommt Geld, wenn man sie
zurückgibt: die P f _ _ _ f l a s c h e

g Fährt mit einer Batterie statt Benzin:
das _ l _ k t _ _ _ a _ t _

h Besitzt eine Kombination aus Verbrennungs-
und Elektromotor: das H _ b r i d a _ t _

i Alternative Energiequellen: die S _ l _ _ -
e n e r g i e, die W _ _ _ e n _ _ g _ _

j Fossile Energiequellen:
K _ _ l e und E r d _ _ _

k Die Umweltpolitik Deutschlands:
die E n e r g i e w _ _ d _

2 Verbinden Sie

1 Wenn ich aus dem Zimmer gehe,	**a** drehe ich den Wasserhahn zu.
2 Wenn ich mir die Zähne putze,	**b** aus der Region.
3 Statt mit dem Auto	**c** bei 30 Grad.
4 Wenn ich einkaufen gehe,	**d** auf Stand-by laufen.
5 Elektrogeräte lassen wir nie	**e** benutze ich immer Stofftaschen.
6 Ich kaufe sehr viele Produkte	**f** mache ich immer das Licht aus.
7 Wäsche wasche ich normalerweise	**g** für die Umwelt tun.
8 Jeder kann im Alltag eine ganze Menge	**h** kann man mehr mit dem Rad fahren.

3 Wie heißt es im Passiv?

Schreiben Sie Passivsätze mit *werden* +
Partizip II. Mehr Informationen zum Passiv
finden Sie in Kapitel 7.

Beispiel
In Deutschland recycelt man über 90% des
Altpapiers. → In Deutschland *werden* über 90%
des Altpapiers *recycelt*.

a Man sammelt den Müll getrennt.
Der Müll *wird* _____

b Man holt die Mülltonnen alle 14 Tage ab.
Die Mülltonnen *werden* _____

c Man bringt die Flaschen zum Glascontainer.

_____

d Man produziert die Autobatterien jetzt in
China.

_____

e Man stellt Zeitungen fast ganz aus Recyclingpapier her.

_____

f Aus altem Glas macht man zum Beispiel neue Flaschen.

_____

g Durch das Recycling von Textilien spart man viel Energie.

_____

4 Stichwort Klimawandel: Was bedeutet das eigentlich?

Lesen Sie den Text und beantworten Sie die Fragen.

a Was bezeichnet das Wort Klimawandel?

b Was erwärmt sich?

c Wo ist der Klimawandel besonders sichtbar und warum?

d Was ist der Hauptgrund für den Klimawandel?

Das Wort Klimawandel bezeichnet die Veränderung des Klimas auf der Erde. Das wichtigste Beispiel für einen aktuellen Klimawandel ist die globale Erwärmung. Die globale Erwärmung steht für den Anstieg der Durchschnittstemperatur auf der Erde seit der Industrialisierung vor etwa 150 Jahren. Es erwärmen sich sowohl die Meere als auch die Atmosphäre.

Besonders deutlich kann man den Klimawandel schon jetzt in den Polarregionen sehen. Noch vor wenigen Jahrzehnten war das Nordpolarmeer im Sommer zu einem großen Teil von Eis bedeckt. Doch durch die steigenden Temperaturen schmilzt diese Eisdecke und ihre Fläche hat sich in den letzten 30 Jahren halbiert. Geht dieser Prozess weiter, könnte der Meeresspiegel stark ansteigen.

Wissenschaftler sind sich heutzutage sicher, dass der Hauptgrund für den Klimawandel die Zunahme von Treibhausgasen ist, besonders von Kohlendioxid (CO_2) und Methan. Während Kohlendioxid zum Beispiel beim Verbrennen von Erdgas und Kohle oder beim Autofahren entsteht, wird der Anstieg des Methans zu einem großen Teil durch die Massentierhaltung von Rindern verursacht.

Vokabeln

schmelzen	_to melt_
der Meeresspiegel (-)	_sea level_
die Massentierhaltung (-en)	_intensive livestock farming_

Grammatik (1)

Zusammengesetzte Nomen: _Fugen -s, Fugen -n_

Verbindet man Nomen, braucht man bei einigen Kombinationen ein sogenanntes **Fugenzeichen** _(linking letter)_, meistens ein **-s** oder **-n**:

-s	bei Wörtern mit den Endungen **-ion, -tät, -heit, -keit, -schaft, -ung, -um, -ling**; bei substantivierten Infinitiven, die auf **-en** enden: **Essens**reste, **Lebens**freude

-n	bei femininen Wörtern, die im Singular auf **-e** enden: **Taschen**messer, **Sonnen**energie

Andere Endungen:

-es	**Bundes**republik, **Tages**ticket
-en	**Studenten**wohnung, **Motoren**lärm

Wichtig! Auch nach maskulinen und neutralen Wörtern steht oft -s oder -n: Urlaubstyp, Frühstücksbuffet, Geschäftsmann.

5 Bilden Sie Nomen

Benutzen Sie das passende Fugenzeichen. Nicht vergessen: Das letzte Nomen bestimmt, ob das Wort maskulin, feminin oder neutral ist.

i.
die Zeitung + der Artikel → _____
die Wirtschaft + das Klima → _____
die Kindheit + die Erinnerung → _____
die Ausbildung + der Platz → _____
die Öffnung + die Zeiten → _____
der Liebling + das Land → _____

das Leben + der Mittelpunkt → _____
das Essen + die Zeit → _____

das Museum + der Besuch → _____
der Einkauf + die Straße → *die Einkaufsstraße*
das Glück + das Gefühl → _____

ii.
die Tasche + das Tuch → *das Taschentuch*
die Sonne + die Energie → _____
die Familie + der Urlaub → _____
die Woche + die Karte → _____

das Auge + die Farbe → _____
das Interesse + der Konflikt → _____

iii.
der Bund + das Land → _____
der Bund + der Präsident → _____
das Meer + der Spiegel → _____
der Tag + das Programm → _____

6 Welches Wort fehlt?

Finden Sie das Wort in Übung 5, das am besten passt.

Beispiel
Oxford Street ist die bekannteste *Einkaufsstraße* in London.

a Er wohnt seit sechs Monaten in Hamburg. Hier ist jetzt sein _____ .

b Sie mag Spanien. Es ist ihr _____ .

c Sie machen einen Urlaub mit ihren Kindern. Sie machen einen _____ .

d Das Geschäft macht schon um 7 Uhr auf. Es hat sehr lange _____ .

e Er möchte eine Ausbildung machen. Jetzt sucht er einen _____ .

f Als sie den 800-Meter-Lauf gewann, überkam sie ein großes _____ .

g Neben der Windenergie ist die _____ eine wichtige Energiequelle.

h Durch den Klimawandel und die schmelzenden Pole kann der _____ ansteigen.

Grammatik (2)

Indirekte Fragen

Mit einer *indirekten Frage* kann man eine Frage höflicher formulieren.

     direkt   Wie heißt er?

     indirekt   Wissen Sie, *wie er heißt?*

Indirekte Fragen sind Nebensätze. Eingeleitet werden sie durch Phrasen wie: *Könnten Sie mir sagen, … Wissen Sie, … Kannst du mir sagen, … Ich hätte gern gewusst, …*

Nicht vergessen!

Bei Ja-Nein-Fragen benutzt man die Konjunktion **ob**:

     Hat das Café geöffnet? → Weißt du, **ob** das Café geöffnet hat?

Bei W-Fragen fungiert das Fragewort als Konjunktion:

     Warum ist die Straße gesperrt? → Wissen Sie, **warum** die Straße gesperrt ist?

Tipp: Benutzen Sie indirekte Fragen, um höflicher zu antworten: Ich kann Ihnen nicht sagen, *wann er kommt.* Ich weiß nicht, *warum die Straße gesperrt ist.*

7 Was fehlt?

Setzen Sie die passende Konjunktion ein.

> ob – ~~wann~~ – warum – wohin – wo – wie – was – ob

a Weißt du, *wann* sie Geburtstag hat?

b Kannst du mir erklären, _____ ich die leeren Flaschen bringen kann?

c Kannst du mir bitte sagen, _____ der Stadtteil heißt?

d Können Sie mir sagen, _____ das Auto pro Monat kosten würde?

e Verstehen Sie, _____ die Karten so teuer sind?

f Wisst ihr vielleicht, _____ das Fahrrad Niclas gehört?

g Weißt du, _____ das Geschäft sonntags geöffnet hat?

h Hat er gesagt, _____ er heute Abend ist?

8 Und jetzt Sie

Beantworten Sie die Fragen. Seien Sie besonders höflich und beginnen Sie Ihre Antworten mit *Natürlich kann ich Ihnen sagen, … Natürlich weiß ich, …* oder *Leider kann ich Ihnen nicht sagen, … Leider weiß ich nicht, …* etc. Schreiben Sie und sprechen Sie dann.

Beispiel

Können Sie mir sagen, wohin der Plastikmüll kommt? → *Natürlich kann ich Ihnen sagen, wohin der Plastikmüll kommt. Er kommt in den Gelben Sack.*

a Wissen Sie, wohin Papier und Zeitungen kommen?

Natürlich weiß ich / Leider weiß ich nicht, wohin _____.

b Können Sie mir sagen, was fossile Brennstoffe sind?

_____

c Können Sie erklären, was ein Elektroauto ist?

_____

d Wissen Sie, was eine Pfandflasche ist?

_____

e Wissen Sie, was passiert, wenn die Pole weiter schmelzen?

_____

f Können Sie kurz erklären, was Klimawandel bedeutet?

_____

Mehr Vokabeln	
die Hitzewelle (-n)	heat wave
die Dürre (-n)	drought
die Überschwemmung (-en)	flooding
der ökologische	ecological
Fußabdruck (-ˮe)	footprint

Teil B

1 Vokabeln. Welches Wort hat eine ähnliche Bedeutung?

1	die Übertragung	**a**	33%
2	die Errungenschaft	**b**	der Zweifel, das Bedenken
3	die Zusammenarbeit	**c**	der Verdienst
4	die Skepsis	**d**	der Transfer
5	das Einkommen	**e**	die Einrichtung
6	das Drittel	**f**	die Kooperation
7	die Hälfte	**g**	das Ideal, das Modell
8	der Widerstand	**h**	die Leistung, der Erfolg
9	das Vorbild	**i**	50%
10	die Institution	**j**	die Opposition, die Resistenz

2 Welche Präposition fehlt?

mit – zwischen – ohne – an – für – innerhalb – gegen – im – von

a In Deutschland glauben noch immer viele Menschen _____ Europa und die EU.

b So ist eine Mehrheit für die Übertragung _____ mehr Rechten an Brüssel.

c Leute _____ geringerem Einkommen sind skeptischer gegenüber der EU.

d Viele denken, es ist eine große Errungenschaft, dass man _____ Grenzkontrollen _____ der EU reisen kann.

e Es gab Widerstand _____ den Vorschlag der EU-Kommission.

f Die Zusammenarbeit _____ den verschiedenen Institutionen klappte ganz gut.

g Viele junge Leute wollen _____ Ausland arbeiten oder studieren.

h Die EU könnte ein Vorbild _____ andere Regionen in der Welt sein.

3 Institutionen der EU

Welche Definition passt?

1 Das Europäische Parlament	a Bestimmt die Währungspolitik in den Ländern, die den Euro eingeführt haben. Soll dafür sorgen, dass die Preise stabil bleiben. Ihr Sitz ist in Frankfurt.
2 Der Europäische Rat	b Hat ein Mitglied pro Mitgliedsstaat und einen Präsidenten. Schlägt dem Parlament Gesetze vor und ist wie eine Regierung. Repräsentiert die EU international.
3 Die Europäische Kommission	c Überprüft, ob die Maßnahmen der EU-Organe rechtmäßig sind und ob die Mitgliedsstaaten sich an die Verträge halten.
4 Der Gerichtshof der Europäischen Union	d Setzt sich aus den Staats- und Regierungschefs aller Mitgliedsstaaten der Europäischen Union zusammen. Bestimmt die allgemeinen Prioritäten der EU.
5 Die Europäische Zentralbank	e Hat etwa 750 Abgeordnete. Die Abgeordneten werden alle fünf Jahre gewählt. Verabschiedet Gesetze und den Haushalt. Vertritt die Bürgerinnen und Bürger der EU.

Vokabeln

bestimmen	to decide, to determine
rechtmäßig	lawful(ly), legal(ly)
sich zusammen|setzen	here: to be composed of
verabschieden	here: to pass (a law)
das Gesetz (-e)	law

Grammatik (1)

Zusammengesetzte Nomen – sagen Sie es prägnanter

Ist ein Wortteil bei zusammengesetzten Nomen identisch, erwähnt man es oft nur einmal. Im Schriftlichen setzt man einen Bindestrich:

Vor**teile** und Nach**teile** → Vor- und Nach**teile**
Solar**energie** und Wind**energie** → Solar- und Wind**energie**
Staats**chefs** und Regierungs**chefs** → Staats- und Regierungs**chefs**

4 Können Sie es prägnanter sagen?

Schreiben Sie und sprechen Sie dann.

Beispiel
Lebst du in einer Kleinstadt oder Großstadt? →
Lebst du in einer Klein- oder Großstadt?

a Ist eine Wochenkarte oder Monatskarte günstiger?

b Er ging erst in die Grundschule und dann in die Realschule.

c Sie mag weder Popmusik noch Rockmusik.

d Fängt er im Sommersemester oder im Wintersemester an?

e Für die CDU sind die Familienpolitik und die Wirtschaftspolitik sehr wichtig.

f Das Ruhrgebiet war lange Zeit das Kohlezentrum und Stahlzentrum von Deutschland.

g Ein Hybridauto besitzt eine Kombination aus Verbrennungsmotor und Elektromotor.

h Sybille ist eine gute Weitspringerin und Hochspringerin.

i Machst du einen Französischkurs oder Englischkurs?

5 Europa und ich

Fünf junge Leute erzählen, was Europa für sie bedeutet. Lesen Sie die Texte. Welche Aspekte werden erwähnt? Machen Sie einen Tick.

Bürokratie	☐	Sprachen	☐
Demokratie	☐	Geschichte	☐
Reisefreiheit	☐	Euro	☐
Sport	☐	Kultur	☐
Wirtschaft	☐	Identität	☐

Welche Bedeutung hat Europa für dich?

Nach Umfragen ist die Begeisterung bei jüngeren Leute für Europa viel größer als bei der älteren Generation. Wir haben fünf junge Leute in Mönchengladbach gefragt, was Europa für sie bedeutet und was sie mit Europa verbinden. **Annika Leister** hat die Interviews aufgezeichnet.

Leon Gabriel, 22 Jahre alt, gebürtiger Düsseldorfer, arbeitet als Hairstylist: *„Für mich bedeutet ein vereintes Europa Frieden, Demokratie und Freiheit statt Krieg und Unfreiheit. Europa ist für mich verknüpft mit Gemeinschaft und gegenseitiger Solidarität. Das sind für mich essentielle europäische Werte. Und als größerer Block sind wir viel stärker und einflussreicher als wenn wir nur kleine Nationalstaaten wären.“*

Shirley Winter, 20 Jahre alt, Künstlerin, kommt aus Texas USA, wohnt in Düsseldorf: *„Wenn ich an Europa denke, denke ich zuerst an Kultur. Hier gibt es ein viel größeres Interesse an der Kunst als in Amerika. Ich fühle mich als Künstlerin akzeptiert und kann mich weiterentwickeln. In den USA ist das Kulturleben total kommerzialisiert. Ich hoffe, dass das in Europa nie passieren wird.“*

Tim O'Brian, 19 Jahre, Student aus Edinburg, macht gerade ein Auslandssemester an der Uni Köln: *„Man darf nicht vergessen, dass Europa mehr als nur die EU ist. Es gibt eine lange gemeinsame Geschichte und vieles verbindet uns. Man muss aber die Länder, die keine Mitglieder der EU und die Menschen, die keine EU-Bürger sind, gleichwertig behandeln.“*

Steffi Stojek, 21, kommt aus Trier und studiert an der Hochschule Niederrhein: *„Für mich entsteht in der EU gerade so etwas wie eine neue Identität: Kulturen, Sprachen, Traditionen werden durcheinandergeworfen und bilden etwas Neues. Das finde ich spannend. Diese Vermischung bemerke ich immer, wenn ich sehe, dass vor offiziellen Gebäuden zwei Fahnen wehen – die nationale und die europäische.“*

Hannah Scholz, 17, Schülerin an der Erich-Kästner-Gesamtschule in Mönchengladbach: *„Über Europa habe ich eigentlich erst nachgedacht, als wir das Thema im Unterricht behandelt haben. Da ist mir erst klar geworden, wie sehr Europa meinen Alltag betrifft. Seit dem Schengener Abkommen kann man ohne Pass und Visum durch Europa reisen – anders kenne ich es ja gar nicht. Und dass ich im Ausland in die Schule gehen oder arbeiten kann – das eröffnet so viele Möglichkeiten. Für mich bedeutet Europa vor allem: Freiheit.“*

6 Richtig oder falsch?

Korrigieren Sie die falschen Aussagen.

	R	F
a Für Leon und Hannah ist Freiheit extrem wichtig.		
b Leon meint, dass die Größe der EU keine besondere Bedeutung hat.		
c Für Shirley sind die Bedingungen für Künstler in Europa nicht besser als in den USA.		
d Tim denkt, dass Europa mehr als nur die EU ist und uns eine lange Geschichte verbindet.		
e Für Steffi entwickelt sich in Europa eine neue Identität – sie sieht das aber negativ.		
f Hannah hat sich schon lange für Europa interessiert.		

7 Und Sie?

Welchen Aussagen von Übung 5 stimmen Sie zu? Welchen nicht? Was verbinden Sie persönlich mit Europa und was bedeutet Europa für Sie? Schreiben Sie einen kurzen Text. Wenn Sie positive und negative Aspekte gegenüberstellen wollen, können Sie die folgenden Ausdrücke benutzen:
Auf der einen Seite …, auf der anderen Seite …;
Einerseits …, andererseits …
Zum einen …, zum anderen … .

> **Mehr Vokabeln**
>
> | | |
> |---|---|
> | einerseits …, anderseits … | *on the one hand …, on the other hand …* |
> | zum einen …, zum anderen … | *for one thing, … and for another …* |

Teil C

I Was macht ein Journalist?

Finden Sie das Verb, das am besten passt.

> kommen – machen – ~~schreiben~~ – redigieren – vorbereiten – suchen – recherchieren – teilnehmen – diskutieren – rausfahren – aktualisieren – einfangen – laden – laden – vereinbaren

a einen Text, einen Artikel: *schreiben*

b ins Büro: _____

c sich auf ein Interview: _____

d an einer Redaktionssitzung: _____

e nach einer interessanten Geschichte: _____

f mit Kollegen über Themen: _____

g einen Text kürzen, umschreiben etc.: _____

h mit dem Fahrrad, mit dem Auto: _____

i ein Foto mit der Kamera: _____

j im Internet über ein Thema: _____

k neuen Inhalt: hoch _____

l einen Beitrag: herunter _____

m den Twitteraccount: _____

n einen Termin mit einem Interviewpartner: _____

o eine schöne Geschichte, eine Stimmung: _____

2 Mediennutzung. Was gehört zusammen?

1 Die *Süddeutsche Zeitung* und *Die Welt*	**a** Nachrichtenmagazin in Deutschland.
2 Die *Bild* ist das auflagestärkste	**b** Fernsehsender.
3 *Der Spiegel* ist das bekannteste	**c** sind überregionale Tageszeitungen.
4 ARD, ZDF, RTL sind bekannte	**d** das Internet das beliebteste Medium.
5 Ein Drittel der Deutschen liest	**e** das Fernsehen immer noch Nummer 1.
6 In den letzten Jahren sind die Printauflagen	**f** Boulevardblatt.
7 Als allgemeine Informationsquelle ist	**g** Zeitungen heute online.
8 Als Recherchetool ist	**h** als Nachrichtenquelle genutzt.
9 Soziale Netzwerke werden immer mehr	**i** der Zeitungen stark zurückgegangen.

3 Die Medienlandschaft in Österreich und in der Schweiz

Lesen Sie den Text und machen Sie dann die Übung.

Medien in Österreich und in der Schweiz

Das größte österreichische Medienunternehmen ist mit Abstand der ORF, der Österreichische Rundfunk. Der ORF ist ein öffentlich-rechtlicher Sender wie die ARD und das ZDF in Deutschland, das heißt, er wird über Rundfunkbeiträge finanziert. Er produziert vier Fernseh- sowie mehrere bundesweite und regionale Radioprogramme. Privatsender sind ATV und Sky Österreich.

Der Printmarkt in Österreich wird von wenigen Medienhäusern dominiert. Bekannte Boulevardblätter sind die *Kronen Zeitung* und der *Kurier*. Wichtige Qualitätszeitungen sind *Die Presse* und *Der Standard*.

Auch der Schweizer Printmarkt ist durch eine hohe Konzentration gekennzeichnet. Die bekannteste Qualitätszeitung ist die *Neue Zürcher Zeitung*, die man auch viel außerhalb der Schweiz liest. Die am meisten gelesene Tageszeitung ist die kostenlose Pendler-Zeitung *20-Minuten*.

Das größte Medienhaus der Deutschschweiz ist das Schweizer Radio und Fernsehen (SRF), das auch durch Beiträge finanziert wird. Es hat mehrere Fernsehkanäle und Hörfunksender. Privatsender sind nur von regionaler Bedeutung. Zusammen mit dem ZDF, der ARD und dem ORF betreibt der SRF den Fernsehsender 3sat.

Mehr Informationen: www.orf.at, www.krone.at, www.nzz.ch, www.srf.ch, www.3sat.de

Eine kurze Zusammenfassung. Ergänzen Sie.

a Der ORF ist das größte …

b Finanziert wird er …

c Wenige Medienhäuser …

d Die *Neue Zürcher Zeitung* ist die …

e Der öffentlich-rechtliche Sender der Schweiz heißt …

f 3sat ist eine Kooperation zwischen …

Vokabeln

öffentlich-rechtlicher Sender	*public broadcaster*
der Rundfunkbeitrag (-beiträge)	*radio and TV licence fee*
kennzeichnen	*to characterise, to hallmark*
der Pendler (-) / die Pendlerin (-nen)	*commuter*

Grammatik (1)

Schwache Nomen

Es gibt eine Gruppe von *maskulinen* Nomen, die immer auf **-(e)n** enden, außer im Nominativ Singular: der/ein Student, den/einen Student**en**, dem/einem Student**en**, des/eines Student**en**. Dazu gehören:

- maskuline Personen mit einer Endung auf **-e** wie *der Experte, der Junge, der Kollege, der Kunde, der Psychologe, der Franzose, der Pole, der Russe, der Türke*; auch: *der Name*

- maskuline Berufstitel, die nicht auf **-er** enden wie *der Journalist, der Fotograf, der Jurist, der Nachbar, der Ökonom, der Assistent* (! Aber nicht: *der Arzt*)

- andere Personen wie *der Athlet, der Herr, der Kandidat, der Mensch, der Nachbar, der Tourist*

- Tiernamen wie *der Affe, der Falke, der Hase, der Löwe, der Bär*

Ausnahmen: *Name* hat im Genitiv Singular **-ns**: des Name**ns**.

Nicht vergessen! Es gibt nur schwache *maskuline* Nomen.

---

4 Brauchen die Wörter eine Endung oder nicht?

a Hast du noch einmal mit dem Fotograf____ geredet?

b Mario ist Student____ an der Humboldt-Universität in Berlin.

c Wie ist sein Name____?

d Hat er seinen Name____ gesagt?

e Sie haben den neuen Kollege____ zum Abendessen eingeladen.

f Der Kunde____ wollte unbedingt ein neues Gerät.

g Bruno hat immer noch Ärger mit seinem Nachbar____.

h Sie ist ein guter Mensch____.

i Ich habe selten einen so guten Mensch____ kennengelernt.

j Ist er eigentlich Russe____ oder Pole____?

k Kennst du Herr____ Weidfeld, der zum neuen Präsident____ gewählt worden ist?

Grammatik (2)

Relativsätze

Mit einem Relativsatz kann man mehr Informationen über ein Nomen im Hauptsatz geben, ohne dass man einen neuen Satz beginnen muss: Das ist <u>Jutta</u>, *die beim Fernsehen arbeitet.* Das ist <u>Fabian</u>, *dessen Sohn in London studiert.*

Eingeleitet werden Relativsätze mit einem Relativpronomen (**die, dessen** etc.). Lerntipp: Die Relativpronomen sind identisch mit den bestimmten Artikeln, außer im Genitiv und im Dativ Plural:

	maskulin	**feminin**	**neutrum**	**Plural**
Nom.	der	die	das	die
Akk.	den	die	das	die
Dat.	dem	der	dem	denen
Gen.	dessen	deren	dessen	deren

Nicht vergessen – der Fall des Pronomens hängt von der Funktion im Relativsatz ab, z. B. Subjekt/ Nominativ, direktes Objekt/Akkusativ. Steht es nach einer Präposition, übernimmt es den Fall.

Mehr Informationen über Relativsätze, siehe Kursbuch Seiten 154 und 159/60.

5 Was passt?

a *die* oder *das?*

Er geht in das Fitnesscenter, _____ im Stadtzentrum liegt.

Yoga ist eine alte Lehre, _____ aus Indien kommt.

b *der* oder *die?*

Da drüben ist der Laden, _____ sehr guten Kaffee verkauft.

Meinst du die Kneipe, _____ bis 2 Uhr nachts geöffnet hat?

c *der* oder *den?*

Der ARD ist ein Sender, _____ über Rundfunkbeiträge finanziert wird.

Ein bekanntes Magazin ist *Der Spiegel*, _____ man seit 1947 lesen kann.

d *dem* oder *der?*

Das ist Steffi, mit _____ ich im Urlaub war.

Wir treffen nachher Florian, von _____ ich dir viel erzählt habe.

e *dem* oder *der?*

Kennst du Tina, _____ ich mein Fahrrad geschenkt habe?

Da ist das Kind, _____ wir gestern geholfen haben.

f *dessen* oder *deren?*

Ich habe vorhin mit Tom gesprochen, _____ Oma leider gestorben ist.

Kennst du Annika, _____ Sohn Fußballprofi ist?

g *die* oder *denen?*

Fake News sind Nachrichten, _____ manipuliert sind und nicht stimmen.

Er sieht gern Serien im Original, bei _____ er sein Englisch verbessern kann.

6 Definitionen. Wer oder was ist das?

Ergänzen Sie.

a Eine Q u _ _ _ t ä t _ z e i t _ _ _ _
   ist eine Zeitung, die seriös über Themen
   berichtet.

b Ein B _ _ l e v a _ _ b l a t t ist eine
   Zeitung, in der es viel um Prominente und
   Tratsch geht.

c Der S p _ _ _ t e i l einer Zeitung ist der
   Teil, in dem man etwas über Fußball lesen
   kann.

d Der L _ k _ _ t _ _ _ ist der Teil, in
   dem man etwas über die eigene Stadt erfährt.

e Das Z _ F oder der O R _ sind Sender, die
   durch Rundfunkbeiträge finanziert werden.

f N e t f _ _ _ und A _ a z _ _ sind
   Plattformen, die Streaming-Dienste anbieten.

g Ein J _ _ _ n _ _ _ _ t ist jemand,
   der zum Beispiel bei einer Zeitung oder beim
   Fernsehen arbeitet.

h Ein Kfz-Me _ _ _ t r o n i _ _ _ ist
   jemand, der Autos repariert.

i Ein H _ _ _ _ d a u t o ist ein Auto, das
   mit einer Kombination aus Verbrennungs-
   und Elektromotor fährt.

j Der S c h _ _ _ _ w a l d ist ein
   Mittelgebirge, das in Südwestdeutschland liegt.

k Der A _ _ _ _ s t r _ _ _ _ ist eine
   Süßspeise, die aus Wien kommt.

l Ein P a u _ _ _ _ l u r l _ _ b ist ein
   Urlaub, bei dem vom Flug bis zur Unterbringung
   und dem Essen alles organisiert ist.

Tipp – Person, jemand

Person ist grammatikalisch immer *feminin*,
jemand *maskulin*:

Der Bundespräsident ist die Person, die
Deutschland repräsentiert.
Ein Altenpfleger ist jemand, der ältere Leute
betreut.

---

7 Und jetzt Sie. Seien Sie kreativ

Schreiben Sie Definitionen.

Beispiel
Eine Tageszeitung ist eine Zeitung, *die täglich
erscheint.*

a Eine Wochenzeitung ist eine Zeitung, *die*
   _____ .

b Der Wirtschaftsteil einer Zeitung ist der Teil,
   in dem _____ .

c Der Kulturteil ist der Teil,
   _____ .

d Ein Sportmagazin ist eine Zeitschrift,
   _____ .

e Eine Bankkauffrau ist eine Frau,
   _____ .

f Ein Arzt ist jemand,
   _____ .

g Ein Eventmanager ist eine Person,
   _____ .

h Ein Elektroauto ist ein Auto,
   _____ .

i Der Reichstag ist das Gebäude,
   _____ .

j Der Bundeskanzler / Die Bundeskanzlerin
   ist die Person,
   _____ .

k Österreich ist ein Staat,
   _____ .

l Die Schweiz ist ein Land,
   _____ .

Mehr Vokabeln

das Free-TV (-s)	*free TV*
das Bezahlfernsehen (-)	*pay TV*
das Monatsabo (-s)	*monthly subscription*

🗨 Und jetzt Sie.
Mein Mini-Projekt

Medien

Sie nehmen an einem Medienseminar in München teil und sollen kurz über die Medienlandschaft in Ihrem Land (oder einem Land, das Sie gut kennen) sprechen. Gehen Sie auf die folgenden Punkte ein:

- die bekannteste(n) Qualitätsblätter und Boulevardzeitung(en)
- worüber die Zeitungen berichten und was Sie von den Zeitungen halten
- populäre Magazine/Blogs
- die bekanntesten Fernsehsender
- beliebte Radiosender
- wie junge Menschen soziale Medien als Informationsquelle nutzen
- Ihre Lieblingssendung(en)

Hier sind einige Redewendungen, die Sie benutzen können. Viel Spaß.

Die bekanntesten Qualitätszeitungen sind …

Die Boulevardzeitung mit der höchsten Auflage ist …

Politisch sind die Zeitungen eher neutral/ konservativ/linksliberal etc. …

Die Qualitätszeitungen berichten über …

Bei den Boulevardzeitungen geht es oft um …

Ich lese gern die …, weil …

Ein bekanntes Magazin/Ein bekannter Blog ist …

Es gibt eine Reihe von Fernsehsendern. Dazu gehören: …

XY ist ein öffentlich-rechtlicher/staatlicher Sender, während XX ein Privatsender ist.

Ich bevorzuge …, weil …

Was Radiosender angeht, …

Für jüngere Leute sind soziale Medien …

Meine Lieblingssendung im britischen/spanischen etc. Fernsehen/Radio ist …

Das ist eine Comedyshow/Dokumentarsendung/ Serie etc.

Was mir daran gefällt, ist, dass …

Testen Sie sich

Am Ende von jedem Kapitel können Sie testen, was Sie gelernt haben. Es gibt immer 30 Punkte.

---

1 Welches Wort passt nicht?
Ein ½ Punkt für jede richtige Antwort.

  a Fossile Brennstoffe: *Kohle, Windenergie, Erdgas, Erdöl*
  b Klimawandel: *Erderwärmung, Temperaturanstieg, Eisschmelze, Solaranlagen*
  c Treibhausgase: *Methan, Sonnenenergie, Kohlendioxid, Massentierhaltung*
  d Recycling: *blaue Tonne, braune Tonne, Restmüll, Pfandflasche*　　／ 2

2 Welche Fugenzeichen fehlen?
Ein ½ Punkt für jede richtige Antwort.
Ergänzen Sie: *-s, -es* oder *-n*?

  a Qualität__zeitung; **b** Tag__zeitung; **c** Familie__urlaub; **d** Woche__ende;
  e Liebling__band; **f** Information__quelle.　　／ 3

3 Indirekte Fragen
Ordnen Sie die Sätze in kursiv.

  a Kannst du mir sagen, *ist / ? / wann / ihr / Geburtstag /*
  b Wissen Sie, *wie / oft / wird / gewählt / ? / das EU-Parlament /*
  c Könnte ich Sie fragen, *der Monatsbeitrag / ist / ? / wie / hoch /*
  d Ich hätte gern gewusst, *hier / in der Nähe / ob / gut / essen / kann / . / man /*　　／ 4

4 Was bedeutet Europa für dich?
Verbinden Sie.

1 Europa ist für mich verknüpft mit	**a** als wenn wir kleine Nationalstaaten wären.
2 Wenn ich an Europa denke,	**b** und vieles verbindet uns.
3 Es gibt eine lange gemeinsame Geschichte	**c** Gemeinschaft und gegenseitiger Solidarität.
4 Als größerer Block sind wir stärker,	**d** denke ich zuerst an Kultur.

／ 4

5 Relativsätze
Ergänzen Sie.

  a Der *Kicker* ist ein Sportmagazin, _____ viel über Fußball berichtet.
  b Die *Süddeutsche* ist eine Zeitung, _____ aus München kommt.
  c Da vorne ist Sabrina, _____ ich beim Umzug geholfen habe.
  d Kennst du Tim, _____ Bruder in Rom wohnt?
  e Ich möchte dir Jakob und Ferda vorstellen, mit _____ ich zusammen in der Schule war.　　／ 5

6 Schwache Nomen – Endung oder nicht?
Ein ½ Punkt für jede richtige Antwort.

a Das ist Herr__ Schweitzer. – Kennst du Herr__ Schweitzer?
b Kennst du einen guten Architekt__? – Er ist Architekt__ von Beruf.
c Wie ist dein neuer Kollege__? – Wir haben einen neuen Kollege__.

___ / 3

7 Und zum Schluss: Wissen und Kultur

a Bekannte überregionale Zeitungen in Deutschland sind zum Beispiel *Die Welt*,
_____ und _____.
b Öffentlich-rechtliche Sender sind die *ARD* oder _____.
c Privatsender sind SAT1 oder _____.
d Das bekannteste Nachrichtenmagazin in Deutschland ist *Der* _____.
e Durch die Digitalisierung und Streaming-Dienste wie Netflix oder Amazon ändert sich der Medienmarkt langsam/rapide.
f Soziale Medien und Netzwerke werden als Informationsquelle immer wichtiger / weniger wichtig.
g In Österreich heißt der öffentlich-rechtliche Sender ORF, in der Schweiz _____.
h Eine bekannte Zeitung in der Schweiz ist die *Neue* _____ *Zeitung*.

___ / 9

Gesamt
_____ / 30

Auswertung: 25–30 Punkte: Großartig. Fangen Sie schnell mit Kapitel 10 an. 17–24 Punkte: Sehr gut. Wiederholen Sie noch einmal die Punkte, die Sie nicht verstanden haben. 16 Punkte und weniger: Gut gemacht. Wir würden aber vorschlagen, dass Sie dieses Kapitel noch einmal gründlich wiederholen.

10 | Deutschland in der Welt

Teil A

1 Nomen und Verben. Was passt?

anschließen – ~~aufwachsen~~ – machen
– kämpfen – übersetzen – sein – stellen –
auslösen – veröffentlichen – komponieren
– studieren – engagieren – revolutionieren –
erhalten – arbeiten

a in Berlin, in der ehemaligen DDR: *aufwachsen*

b die Bibel ins Deutsche: _____

c die Reformation: _____

d Symphonien, Klavierkonzerte: _____

e sich einer Widerstandsgruppe: _____

f gegen den Nationalsozialismus: _____

g Physik an der Uni: _____

h Karriere: _____

i als Regisseur, als Model etc.: _____

j das physikalische Weltbild: _____

k sich für den Weltfrieden, soziale Projekte:

   _____

l die traditionelle Kunst: in Frage _____

m Schriften zur Botanik, Mineralogie: _____

n den Emmy, den Oscar: _____

o ein aktiver Unterstützer: _____

2 Relativsätze

der – die – denen – der – dessen – die

a Martin Luther ist bekannt für seine 95
   Thesen, mit _____ er die damalige
   katholische Kirche kritisierte.

b Albert Einstein, _____ für seine
   Relativitätstheorie berühmt ist, engagierte
   sich auch für den Weltfrieden.

c Während des Studiums trat Sophie Scholl der
   Widerstandsgruppe „Weiße Rose" bei, mit
   _____ sie gegen den Nationalsozialismus
   kämpfte.

d Angela Merkel war die erste Frau in
   Deutschland, _____ eine Bundesregierung
   anführte.

e Neben ihrer Arbeit als Model ist Heidi Klum
   auch für ihre Sendung „Project Runway"
   bekannt, für _____ sie einen Emmy gewann.

f Roland Emmerich ist ein Regisseur und
   Produzent, _____ Filme weltweit
   erfolgreich sind.

Mehr Informationen über Relativsätze finden
Sie in Kapitel 9.

3 Welches Wort passt nicht?

a Reformation: *95 Thesen, Martin Luther,
   Farbenlehre, Protestantismus*

b Kunst: *Installationen, Happenings, Skulpturen,
   Profivertrag*

c Weimarer Klassik: *Goethe, Relativitätstheorie,
   Schiller, Faust*

d Musik: *Klavierkonzert, Symphonien,
   Zeichnungen, Komponist*

e LGBT: *Stonewall, Christopher Street Day,
   Mineralogie, Transgender*

f Politik: *Bundeskanzlerin, Drehbuchautor,
   Minister, Bundestagswahlen*

g Engagement: *Realityshow, Umweltschutz, soziale
   Projekte, Freiwilligenarbeit*

Grammatik (1)

Genitiv – Präpositionen

Den Genitiv verwendet man auch nach bestimmten Präpositionen. Dazu gehören:

angesichts *in view of*   **trotz** *in spite of*
(an)statt *instead of*   **während** *during*
aufgrund *because of, due to*   **wegen** *due to*

Nicht vergessen! Bei maskulinen und neutralen Nomen enden die Artikel auf **-es** (de**s**, ein**es**). Auch erhalten diese Nomen ein zusätzliches **-s** oder **-es** (Bruder**s**, Buch**es**).

Bei femininen Nomen und dem Plural enden die Artikel auf **-er** (d**er**, ein**er**). Es gibt keine Veränderungen bei den Endungen der Nomen.

Mehr Information über den Genitiv, siehe Kapitel 5.

4 Wie heißt es richtig?

a Während ihr__ Studium__ trat Sophie Scholl der Gruppe „Weiße Rose" bei.

b Trotz d__ fortschreitenden Taubheit komponierte Beethoven weiter.

c Wegen d__ politischen Situation in Deutschland musste Albert Einstein 1933 emigrieren.

d Aufgrund sein__ Engagement__ erhielt Willy Brandt den Friedensnobelpreis.

e Statt ein__ Dreijahresvertrag__ unterschrieb er einen Einjahresvertrag.

f Während sein__ Zeit in Italien lernte Goethe sehr viel.

g Angesichts d__ kommerziellen Erfolg__, den der Film hatte, drehten sie noch ein Sequel.

5 Berühmte Österreicher und Schweizer

Was glauben Sie: Kommen die folgenden Personen aus Österreich (Ö) oder der Schweiz (S)? Lesen Sie dann den Text und überprüfen Sie Ihre Antworten.

Wolfgang Amadeus Mozart ☐   Johanna Spyri, schrieb die *Heidi*-Romane ☐   Roger Federer ☐
Arnold Schwarzenegger ☐   Kaiserin Elisabeth ☐   Wilhelm Tell ☐

Berühmte Österreicher und Schweizer

Österreich

Österreich ist vor allem für seine Musiker und Komponisten bekannt, allen voran Wolfgang Amadeus Mozart, der 1756 in Salzburg geboren wurde, als Wunderkind galt und bereits als 5-Jähriger seine ersten Stücke komponierte. Weil es von ihm und seiner Familie viele hinterlassene Briefe und Informationen gibt, ist auch viel über sein Leben und seine Persönlichkeit geschrieben worden. Andere bedeutende Komponisten aus dem 18. und 19. Jahrhundert, in dem Wien das Zentrum der europäischen Musik war, sind Joseph Haydn, Franz Schubert und Johann Strauss (Sohn), der „Walzerkönig".

Anfang des 20. Jahrhunderts hatte Wien auch eine große Bedeutung für die moderne Malerei mit Künstlern wie Gustav Klimt, Oskar Kokoschka und Egon Schiele. Bekannte Schriftsteller sind Hugo von Hofmannsthal, Stefan Zweig, Arthur Schnitzler und Elfriede Jelinek, die 2004 den Literaturnobelpreis erhielt.

Weitere bekannte Frauen sind Kaiserin Elisabeth, genannt „Sisi", und Bertha von Suttner. Elisabeth heiratete als junge Frau 1854 Kaiser Franz Joseph I. Sie empfand das Hofleben als erdrückend und rebellierte gegen viele Zwänge und Konventionen des österreichischen Hofes. Bertha von Suttner war eine Pazifistin und veröffentlichte mit dem Buch *Die Waffen nieder!* einen der ersten großen Antikriegsromane. 1904 erhielt sie den Friedensnobelpreis.

Zwei Österreicher, die in Hollywood Karriere gemacht haben, sind Arnold Schwarzenegger und Christoph Waltz. Schwarzenegger, früherer Bodybuilder, war auch als Schauspieler und Politiker erfolgreich und Waltz ist mehrmaliger Oscar-Preisträger.

Schweiz

Der Nationalheld der Schweiz ist Wilhelm Tell. Einer Sage nach war er ein Bauer und Jäger und kämpfte gegen die Österreicher, die damals Herrscher in einigen Teilen der Schweiz waren. Nachdem er gezwungen worden war, einen Apfel vom Kopf seines Sohnes zu schießen, nahm er Rache und soll damit den Freiheitskampf der Schweizer ausgelöst haben. Bewiesen ist die Existenz Wilhelm Tells aber nicht.

Bekannt sind auch der Philosoph Jean-Jacques Rousseau und der Geschäftsmann und Humanist Henri Dunant, der 1864 das Rote Kreuz gründete.

Die erfolgreichste Autorin der Schweiz ist Johanna Spyri, die Ende des 19. Jahrhunderts die Romanfigur Heidi, ein kleines Mädchen, das in den Schweizer Alpen lebt, erschuf. Die *Heidi*-Romane gehören zu den meistgelesenen Kinderbüchern der Welt. Wichtige Schriftsteller des folgenden Jahrhunderts waren Hermann Hesse und Max Frisch. Mit Büchern wie *Siddhartha* oder *Der Steppenwolf* erreichte Hermann Hesse auch international eine große Leserschaft.

In sportlicher Hinsicht ist Roger Federer, der jahrelang einer der besten Tennisspieler der Welt war, ganz klar die Nummer 1 in der Schweiz.

Vokabeln

empfinden	to feel, to experience
erdrückend	oppressive
der Friedensnobelpreis (-e)	Nobel Peace Prize
die Sage (-n)	myth, legend
der Herrscher (-), die Herrscherin (-nen)	ruler
Rache nehmen	to take revenge

6 Eine kurze Zusammenfassung

Ergänzen Sie.

Österreich	Schweiz
Bekannt ist Österreich vor allem ...	Wilhelm Tell ist der ... Man weiß aber nicht, ob er ...
Über Mozart ist viel geschrieben worden, ...	Das Rote Kreuz wurde 1864 ...
Im 18. und 19. Jahrhundert ...	Johanna Spyri schrieb die *Heidi*-Romane, die ...
Berühmte Schriftsteller und Künstler sind ...	Andere wichtige Schriftsteller sind ...
Bertha von Suttners Leistung besteht darin, dass sie ...	Der bekannteste Sportler der Schweiz ...
Arnold Schwarzenegger und Christoph Waltz ...	

Was finden Sie noch wichtig? Erweitern Sie die Listen, falls Sie möchten.

Grammatik (2)

Das Plusquamperfekt

Das Plusquamperfekt nennt man auch *Vorvergangenheit* oder *vollendete Vergangenheit*. Es bezieht sich auf etwas in der Vergangenheit, was vorher passierte: *Nachdem* wir uns bei Jonas **getroffen hatten**, gingen wir zusammen in den Club.

Bevor er frühstückte, **war** er schon **schwimmen gewesen**.

Nicht vergessen – man bildet das Plusquamperfekt mit dem *Präteritum* von **haben/sein** + *Partizip II*.

Tipp: Bei Sätzen im Plusquamperfekt signalisieren Wörter wie **nachdem**, **nachher**, **bevor** oder **vorher** oft die verschiedenen Zeitformen.

7 Wissen Sie noch?

Haben und **sein** im Präteritum. Ergänzen Sie.

haben

ich **hatte**	wir _____
du _____	ihr _____
Sie _____	Sie _____
er/sie/es _____	sie _____

sein

ich _____	wir _____
du _____	ihr _____
Sie **waren**	Sie _____
er/sie/es _____	sie _____

8 Was war vorher passiert?

Ergänzen Sie die Sätze mit den richtigen Formen von **haben** und **sein**.

a Zu dem Vortrag kamen mehr Leute, als wir erwartet _____.

b Weil Katja sich gut vorbereitet _____, lief ihr Vorstellungsgespräch sehr gut.

c Er konnte sich in Shanghai verständigen, weil er vorher zu einem Chinesischkurs gegangen _____.

d Zum Glück _____ wir die Texte gespeichert, bevor der Computer abstürzte.

e _____ ihr vorher schon mal auf Rügen gewesen?

f Die Band _____ in vielen kleinen Clubs gespielt, bevor sie bekannt wurde.

g _____ du nicht zwei Jahre in Frankfurt gewohnt, bevor du nach Berlin gekommen bist?

h Nachdem Silke die Tabletten genommen _____, ging es ihr besser.

i Wir setzten uns in ein Café und aßen ein Stück Kuchen, nachdem wir lange spazieren gegangen _____.

Mehr Vokabeln

der Forscher (-) / die Forscherin (-nen)	*researcher*
der Wissenschaftler (-) / die Wissenschaftlerin (-nen)	*scientist*
der Philosoph (-) / die Philosophin (-nen)	*philosopher*

Teil B

1 Eindrücke von Deutschland

Verbinden Sie.

1 Ich wusste, dass deutsche Universitäten

2 Bei meiner Ankunft war ich beeindruckt,

3 Deutsch hatte ich schon in Indien gelernt,

4 Ich habe mich immer darum bemüht,

5 Es gibt eine gute medizinische Versorgung

6 Im Umgang ist man direkter miteinander,

7 Der erste Winter in Deutschland –

8 Wenn man Fachwissen besitzt,

a und die Kriminalitätsrate ist gering.

b war also kein Anfänger.

c wie hilfsbereit die Menschen waren.

d das war ein Schock für mich.

e einen guten Ruf in den Ingenieurwissenschaften haben.

f kann man hier sehr gut Karriere machen.

g viel Kontakt zu Deutschen zu haben.

h weil man versucht, effizient zu arbeiten.

2 Man kann es auch anders sagen

Benutzen Sie ein Adjektiv.

a Die Organisation ist gut. – Es ist gut o __ g __ n __ s i e r t.

b Die Leute helfen. – Die Leute sind h i l f s b __ r __ __ __ .

c Sie hat einen großen Einfluss. – Sie ist __ __ __ f l __ s s r __ __ c h.

d Meine Motivation war hoch. – Ich war sehr __ __ t __ __ __ e r t.

e Sie zeigte viel Engagement . – Sie war sehr e n g a g __ __ __ __ .

f Die Effizienz ist hoch. – Es ist sehr __ f f i __ __ __ __ t.

g Das war ein Schock für mich. – Ich war s c h __ c k __ __ r t.

h Die Leute zeigen viel Toleranz. – Die Leute sind __ __ l __ __ __ __ __ .

i Die Landschaft hat eine große Vielfalt. – Die Landschaft ist v i e l __ __ __ __ __ __ .

j Sie zeigte eine große Begeisterung für die Kultur. – Sie war von der Kultur __ __ g e i __ __ __ r t.

k Er hat Eindruck auf mich gemacht. – Ich war von ihm b e __ i n d r __ c k t.

Grammatik (1)

Adjektive und Präpositionen

Nicht nur Verben, auch Adjektive benutzt man oft zusammen mit Präpositionen:

Beethoven ist **bekannt für** die 9. Symphonie.
Ich war sehr **beeindruckt von** Berlin.

Hier sind einige Beispiele:

abhängig von (+ Dat)	eifersüchtig auf (+ Akk)	stolz auf (+ Akk)
berühmt für (+ Akk)	freundlich zu (+ Dat)	traurig über (+ Akk)
befreundet mit (+ Dat)	interessiert an (+ Dat)	verliebt in (+ Akk)
begeistert von (+ Dat)	nett zu (+ Dat)	verantwortlich für (+ Akk)
dankbar für (+ Akk)	schockiert über (+ Akk)	zufrieden mit (+ Dat)

W-Fragen bildet man – wie bei den Verbkonstruktionen – mit **wo(r)** + der relevanten Präposition: stolz **auf** → Wor**auf** bist du stolz?

Fragt man nach einer Person, benutzt man **wen** + Präposition (Akkusativ) und **wem** + Präposition (Dativ): Auf **wen** bist du stolz? Zu **wem** warst du besonders freundlich?

Mehr über Verben und Präpositionen, siehe Kapitel 3.

3 Wie heißt es richtig?

Finden Sie die fehlenden Präpositionen und ergänzen Sie die Endungen.

Beispiel
Sie ist ____ ihr__ Studium begeistert. → Sie ist **von** ihr**em** Studium begeistert.

a Tübingen ist ____ sein__ alte Universität berühmt.

b Sie hat sich ____ d__ Stadt und ihr__ Einwohner verliebt.

c Sie sind stolz ____ ihr__ drei Kinder.

d ____ d__ Einladung und d__ Stipendium bin ich sehr dankbar.

e Tom ist sehr ____ d__ Geschichte seiner Heimatstadt interessiert.

f Er war ____ d__ Infrastruktur und d__ Freundlichkeit der Menschen begeistert.

g Sie sind ____ d__ ganze Organisation verantwortlich.

h ____ sein__ Großeltern ist er immer besonders nett.

i Waren Sie ____ d__ Essen und d__ Service zufrieden?

4 Und jetzt Sie

Beantworten Sie die Fragen. Schreiben und sprechen Sie dann. Begründen Sie Ihre Antworten in je 2–3 Sätzen.

a Woran sind Sie besonders interessiert?

_____

b Von welcher Person sind oder waren Sie beeindruckt?

_____

c Wovon sind Sie begeistert?

_____

d Worüber sind Sie manchmal schockiert?

_____

e Wofür ist Ihre Stadt bekannt?

_____

f Womit sind Sie im Land, in dem Sie leben, zufrieden? Womit nicht?

_____

g Worauf oder auf wen sind Sie stolz?

_____

Grammatik (2)

Indirekte Rede

Es gibt verschiedene Möglichkeiten auszudrücken, was jemand gesagt hat.

Wörtliche Rede: Tina sagte: „Ich lebe gern in Berlin."

Indirekte Rede:

Konjunktiv I	Tina sagte, sie lebe gern in Berlin.
Konjunktiv II	Tina sagte, sie lebte gern in Berlin.
würden + Infin.	Tina sagte, sie würde gern in Berlin leben.
Indikativ	Tina sagte, sie lebt gern in Berlin.

Bei all diesen Formen kann man auch **dass** benutzen: Tina sagte, **dass** sie gern in Berlin lebe. Tina meinte, **dass** sie gern in Berlin lebte, etc.

Gebrauch

In der gesprochenen Alltagssprache verwendet man mehr den Indikativ. In der geschriebenen Sprache bevorzugt man eher den Konjunktiv.

Nicht vergessen! Den _Konjunktiv I_ bildet man von der Gegenwartsform (leben → er/sie lebe), den _Konjunktiv II_ von der Präteritumsform (leb**t**en → er/sie leb**t**e).

Mehr Information: Konjunktiv I, siehe Kapitel 10; Konjunktiv II, siehe Kapitel 8.

5 Wie heißen die Verben im _Konjunktiv I?_

Ergänzen Sie.

	sein	haben	machen	kommen	können
ich		habe			könne
du					
Sie			machen		
er/sie/es				komme	
wir	seien				
ihr					
Sie/sie					

Tipp! Er/sie/es haben eine Endung auf **-e**. Dadurch ist die Endung anders als im Indikativ. Die Ausnahme ist **sein**.

Wissen Sie noch, wie die Verbformen oben im *Konjunktiv II* heißen?

6 Mehr Mobilität unter Studenten

Lesen Sie den Text über ausländische Studenten in Deutschland und beantworten Sie die Fragen.

a Wie hoch ist die Zahl von ausländischen Studenten und woher kommen die meisten?

b Aus welchen Gründen studieren viele Ausländer in Deutschland?

Rekordzahl ausländischer Studenten in Deutschland

Auf einer Pressekonferenz erklärte Anja Meier, Referentin im Ministerium für Bildung und Forschung, dass es in diesem Jahr zum ersten Mal mehr als 350.000 ausländische Studenten an deutschen Hochschulen gebe. Damit habe sich die Zahl von ausländischen Studierenden in den letzten zehn Jahren um 37 Prozent erhöht.

Meier betonte, dass die deutschen Universitäten global aufgestellt und weltoffen seien. Sie erklärte weiter, dass die meisten Studenten aus China (13 Prozent) kämen, gefolgt von Indien

(6 Prozent) und Russland (5 Prozent). Hauptgrund für ein Studium in Deutschland seien die hohe Qualität der Studiengänge, geringe Studiengebühren und die guten Karrierechancen auf dem deutschen Arbeitsmarkt.

Auch die Anzahl von Deutschen, die im Ausland studieren, steige weiter, so Meier. Sie betonte, dass diese Trends ein großer Erfolg für die Internationalisierungsstrategie der Bundesregierung wären.

Lesen Sie den Text noch einmal und finden Sie alle Verben, die im *Konjunktiv I* und *Konjunktiv II* stehen.

Konjunktiv I	Konjunktiv II

7 Indirekte Rede

Maryam aus Peru berichtet über ihr Studium in Deutschland. Lesen Sie den Text auf Seite 132 und berichten Sie dann, was sie sagt.

Maryam Soto, 23, Peruanerin, macht einen Bachelor of Science an der TU Dortmund.

„An den öffentlichen Universitäten gibt es keine Semestergebühren. Das Studium ist kostenlos für alle Studenten, egal ob es deutsche Bürger oder Auslandsstudenten sind. Es gibt eine gute Infrastruktur sowie einen ausgezeichneten Lehrplan. Außerdem sind die deutschen Abschlüsse weltweit anerkannt.

Man kann viele Vorlesungen auf Englisch besuchen. Das hilft, wenn man Deutsch noch nicht so gut sprechen kann. Das Studium macht mir Spaß und ich habe viele Freunde aus Deutschland sowie aus anderen Ländern."

Und jetzt Sie. Geben Sie in indirekter Rede wieder, was Maryam sagt. Setzen Sie die relevanten Verben in den *Konjunktiv I*.

Maryam meint, dass es an deutschen Universitäten keine Studiengebühren **gebe**. Das Studium **a** _____ kostenlos für alle Studenten, egal ob es deutsche Bürger oder Auslandsstudenten **b** _____. Sie sagt, es **c** _____ eine gute Infrastruktur sowie einen ausgezeichneten Lehrplan. Außerdem **d** _____ die deutschen Abschlüsse weltweit anerkannt.

Sie erklärt, dass man viele Vorlesungen auch auf Englisch besuchen **e** _____. Das **f** _____, wenn man Deutsch noch nicht so gut sprechen **g** _____. Maryam betont, dass ihr das Studium Spaß **h** _____ und dass sie viele Freunde aus Deutschland sowie aus anderen Ländern **i** _____.

Mehr Vokabeln

Redemittel

sagen	to say	betonen	to stress	erklären	to explain
berichten	to report, to tell	hervorheben	to emphasise	mit|teilen	to inform, to tell
meinen	to say, to think	unterstreichen	to underline	behaupten	to claim

---

Teil C

1   Zu welchen Branchen gehören diese Firmen?

a *Hugo Boss, H&M, Adidas:* M __ d __ und
S p __ __ __ a r t __ __ __ __ __

b *Deutsche Bank, Commerzbank, Allianz:*
B __ n k __ n und __ e r s __ -
c h __ __ __ __ g e n

c *Braun, Miele, Bosch:* E l e __ t r __ und
E l __ k t r __ t __ c h __ i __

d *BASF, Bayer, Hoechst:* C h __ __ __ __ und
P h __ r __ __

e *Tui, Lufthansa, Eurowings:* __ e i s __ __ und
T __ __ r __ s m __ s

f *BMW, Opel, Continental:* __ __ __ o und
A u __ o z u __ __ __ f __ r __ r

g *DB Schenker, DHL, Kuehne + Nagel AG:*
L o g __ s t __ __

h *Lidl, Dr. Oetker, Beck's:* H a n __ e l
und __ __ b __ __ s m __ t t __ l

2 Welche Wörter haben eine ähnliche Bedeutung?

1 die Firma	a die Herstellung
2 die Ware	b der Sektor
3 die Produktion	c das Fahrzeug
4 das Großunternehmen	d der Betrieb
	e die Führung
5 die Einfuhr	f der Konzern
6 die Ausfuhr	g das Produkt
7 das Auto	h der Hauptsitz
8 die Leitung	i der Import
9 das Sortiment	j das Waren-angebot
10 die Mitarbeiterin	k der Export
11 die Branche	l die Angestellte
12 das Headquarter	

3 Die deutsche Wirtschaft

Export – Warenangebot – Innovationskraft
– Handelspartner – Filialen – Waren
– ~~Motor~~ – Erfinder – Hauptsitz – Start-up-
Unternehmen – Ausbildung – Mittelstand

Ergänzen Sie.

a Die Industrie ist sozusagen der **Motor** der deutschen Wirtschaft.

b Jeder vierte Arbeitsplatz ist vom _____ abhängig.

c Deutschland exportiert doppelt so viele _____ nach Asien wie in die USA.

d Ein Grund für den Erfolg ist die große _____ vieler Unternehmen.

e Neben den Großkonzernen ist auch der _____ extrem wichtig.

f Es gab schon immer geniale _____ wie Werner von Siemens oder Ferdinand Porsche.

g Bei der dualen _____ besucht man einen Betrieb und eine Berufsschule.

h Wichtigste _____ sind immer noch die Länder der EU.

i BMW hat seinen _____ in München.

j Discounter haben meistens ein kleineres _____ als andere Supermärkte.

k Aldi und Lidl haben mittlerweile _____ in der ganzen Welt.

l Für Innovationen sind heutzutage _____ extrem wichtig.

Grammatik (1)

Abkürzungen

Wie in anderen Sprachen gibt es auch im Deutschen viele Abkürzungen. Für Muttersprachler sind sie meistens selbstverständlich, für Deutschlerner aber oft schwierig zu verstehen. Hier sind Abkürzungen, die man oft in Texten findet:

allg. → allgemein	etc. → etcetera	u. a. → unter anderem
bzw. → beziehungsweise	insbes. → insbesondere	usw. → und so weiter
dt. → deutsch	n. Chr. → nach Christus / nach Christi (Geburt)	v. Chr. → vor Christus / vor Christi (Geburt)
d. h. → das heißt	s. a. → siehe auch	z. B. → zum Beispiel

Tipp: Bei Abkürzungen von ganzen Wörtern schreibt man meistens einen Punkt. Bei Abkürzungen von Eigennamen meistens nicht: VW, BMW, DB etc.

4 Abkürzungen aus der Wirtschaft

Ordnen Sie zu. Wissen Sie, was die Wörter bedeuten? Gibt es ähnliche Abkürzungen in Ihrem Land?

1	DAX	a	Agentur für Arbeit
2	AG	b	Auszubildende/r
3	EZB	c	Deutscher Aktienindex
4	IWF	d	Aktiengesellschaft
5	MwSt.	e	Bundesverband der Deutschen Industrie
6	VW	f	Internationaler Währungsfonds
7	BMW	g	Deutscher Gewerkschaftsbund
8	AA	h	Europäische Zentralbank
9	Azubi	i	Volkswagen
10	DGB	j	Bayerische Motoren Werke
11	BDI	k	Mehrwertsteuer

5 Ergänzen Sie

a Sie wuchs in der ehemaligen Deutschen Demokratischen R _ _ _ _ _ _ _ (DDR) auf.

b Die B _ _ d _ _ r _ _ _ _ _ _ _ Deutschland (BRD) wurde 1949 gegründet.

c Sie arbeiten seit 12 Jahren bei _ _ _ _ _ _ _ _ _ _ (VW).

d PKW ist eine Abkürzung für P e r _ _ - _ e n k r a f t w _ _ g _ n.

e BMW steht für B a y e r _ _ _ _ _ M o t _ _ _ _ _ W e r k _ (BMW).

f Er ist Lehrer für D _ _ _ _ _ _ _ als F r e m d _ _ _ _ _ _ _ (DaF).

g Die S _ _ _ _ _ _ _ _ _ _ Zeitung (SZ) ist eine Tageszeitung, die aus München kommt.

h Bei der Verbrennung von Kohle und Erdöl entsteht K _ _ l _ _ d _ _ x _ d (CO_2).

i Trotz aller Kritik ist die große Mehrheit der Deutschen für die _ u r _ p ä _ _ _ _ _ - _ _ _ _ _ _ (EU).

j Wenn man in Deutschland mit dem Zug fährt, nimmt man meistens die D _ _ _ _ _ _ _ _ B _ _ _ (DB).

6 Stichwort: Standort Deutschland

Warum siedeln sich so viele Firmen in Deutschland an? Lesen Sie den kurzen Text und beantworten Sie die Fragen unten.

Standort Deutschland

Es gibt eine Reihe von Gründen, die Deutschland als Wirtschaftsstandort für ausländische Firmen besonders attraktiv machen.

Dazu gehören die zentrale Lage innerhalb Europas, die Deutschland zu einer Drehscheibe zwischen Ost und West macht, und das ausgezeichnete Verkehrsnetz. Auch die als typisch deutsch angesehenen Eigenschaften Qualität und Termintreue sind ein Plus. Nicht zuletzt verfügt Deutschland über sehr gut ausgebildete Arbeitskräfte, Spitzentechnologie und bietet hohe politische und rechtliche Stabilität.

→

Auf der anderen Seite sind die Gehaltskosten und Steuern im internationalen Vergleich relativ hoch. Auch was Vorschriften und Bürokratie betrifft, gibt es in Deutschland mehr Vorgaben als zum Beispiel in angelsächsischen Staaten. Zusätzlich gibt es vergleichsweise viele Feiertage.

Doch trotz dieser Faktoren, ist die Produktivität in Deutschland sehr hoch. „Made in Germany" steht weltweit für überdurchschnittliche Qualität von Produkten und Dienstleistungen. Und auch der Staat versucht, mit Geldern und Programmen die Attraktivität des Standorts Deutschlands zu erhöhen. So investiert er viel in Forschung und Entwicklung. Das hat Erfolg: Mit über 25.000 Patentanmeldungen jährlich liegt Deutschland weltweit auf Platz zwei. Auch bei vielen innovativen Technologien, wie in den Nano- oder Biotechnologien, liegt es an der Weltspitze.

> **Vokabeln**
>
> die Drehscheibe (-n)   *here: hub*
> die Vorschrift (-en)   *regulation*
> die Vorgabe (-n)   *specification, demand*

Nach Aussagen des obigen Textes:

a Welche Pluspunkte hat der Standort Deutschland in Bezug auf

   i. die geografische Lage; ii. Arbeitskräfte;
   iii. die Infrastruktur; iv. die Rolle des Staates?

b Was für Nachteile gibt es?

c Wofür steht „Made in Germany"?

Stimmen Sie mit den Aussagen überein? Gibt es Ihrer Meinung nach noch andere Aspekte?

Grammatik (2)

Relativsätze – mehr Info

1 Position
Ein Relativsatz folgt meistens dem Nomen, auf das es sich bezieht. Er kann deshalb auch mitten im Satz stehen:
Das Handy, **das du gekauft hast**, ist wirklich gut.
Der Supermarkt, **in dem ich am liebsten einkaufe**, ist *Penny*.

Dann trennt man den Relativsatz mit zwei Kommas ab.

2 Relativpronomen **was**
Bezieht sich der Relativsatz auf den ganzen vorherigen Satz und nicht auf ein spezifisches Nomen, benutzt man **was**:
Sie investieren nicht viel, **was** ich nicht verstehe.
Er hat den ersten Preis gewonnen, **was** mich sehr freut.

7 Wie heißt das Relativpronomen?

a Die Autoindustrie, **die** mittlerweile 80% ihrer Produkte exportiert, ist sehr wichtig für die deutsche Wirtschaft.

b Werner von Siemens, _____ ein genialer Erfinder war, war auch als Unternehmer erfolgreich.

c Die Kollegin, mit _____ ich zusammen arbeite, kommt aus Südkorea.

d Der Mitarbeiter, mit _____ ich das letzte Mal gesprochen habe, war leider nicht da.

e Discounterketten, _____ ein kleineres Sortiment haben, können ihre Waren oft billiger anbieten.

f Das Unternehmen, _____ Hauptsitz in Stuttgart ist, beschäftigt 5000 Leute.

g Marianne, _____ Partner Italiener ist, spricht vier Sprachen.

h Das Logo, für _____ Adidas bekannt ist, sind die drei Streifen.

i Der Sektor, in _____ die meisten Menschen arbeiten, ist die Industriebranche.

8 Und jetzt Sie. Seien Sie kreativ

Was sind Ihre Erfahrungen mit Deutschland und der deutschen Sprache? Ergänzen Sie die Sätze unten. Geben Sie eine kurze Erklärung für Ihre Antwort. Schreiben Sie und sprechen Sie dann.

Beispiel

Ein deutsches Produkt, das ich oft benutze, ist _____. →

Ein deutsches Produkt, das ich oft benutze, ist *mein Staubsauger von Miele. Ich benutze ihn immer, wenn ich die Wohnung sauber mache, etwa zwei- bis dreimal pro Woche. Ich habe den Stabsauger seit fünf Jahren und er funktioniert immer noch sehr gut.*

a Ein deutsches Produkt, das ich oft benutze, ist _____.

b Drei Firmen, die ich mit Deutschland verbinde, sind _____.

c Ein deutsches Getränk oder Essen, das ich sehr mag, ist _____.

d Ein deutsches Getränk oder Essen, das ich gern einmal probieren würde, ist _____.

e Eine Stadt / Städte in Deutschland, die ich schon kenne, ist/sind _____.

f Eine Stadt / Eine Gegend, die ich gern einmal besuchen würde, ist _____.

g Themen, die mir in diesem Kurs Spaß gemacht haben, waren _____.

h Themen, die ich weniger interessant fand, waren _____.

i Ein Grammatikpunkt / Grammatikpunkte, für den/die ich mich gar nicht begeistern kann, ist/sind _____.

j Ein Grammatikpunkt / Grammatikpunkte, den/die ich nicht so kompliziert finde, ist/sind _____.

k Ein deutsches Wort, das mir besonders gut gefällt, ist _____.

l Drei deutsche Filme, die ich gesehen habe, waren _____.

m Ein Buch, das ich gern im Original lesen möchte, _____.

n Eine Band / Musik aus Deutschland, die ich gern höre, _____.

o Eine bekannte Person aus Deutschland, die ich gern kennenlernen würde, _____.

p Ein Thema / Eine Person, über das/die ich gerne mehr wissen möchte, _____.

Und jetzt Sie. Mein Mini-Projekt

Mein Buchtipp – das müsst ihr lesen!

Ihre deutsche Freundin Silke leitet einen Buchclub. Man trifft sich etwa alle sechs Wochen und jede Teilnehmerin / jeder Teilnehmer stellt ein Buch vor, das ihr/ihm besonders gut gefallen hat. Es kann ein Roman, ein Gedichtband, ein Krimi, eine Biografie, ein Sachbuch usw. sein.

Die folgenden Redemittel können Ihnen helfen. Viel Spaß.

Das Buch, das ich vorstellen möchte, heißt ...
Es wurde ... veröffentlicht.
Die Autorin / Der Autor ist ...
Ich bin auf dieses Buch gestoßen, ...
In diesem Buch geht es um ... / Das Buch handelt
von ...
Das Thema des Buches ist ...
Was mir besonders an dem Buch gefällt, ist/sind ...
Was den Stil / die Struktur angeht, ...

Ein anderer Punkt, den ich erwähnen möchte, ist ...
Weniger überzeugt bin ich allerdings von ...
Ich finde, das Buch ist heutzutage wichtig/relevant,
weil es ...
Ich finde, ihr solltet das Buch unbedingt lesen,
weil ...
Ich kann euch das Buch sehr / von Herzen empfehlen,
weil ...

Testen Sie sich

Am Ende von jedem Kapitel können Sie testen, was Sie gelernt haben. Es gibt immer
30 Punkte.

1　Berühmte Deutsche, Österreicher/innen und Schweizer/innen

Aus welchen Ländern kommen die Leute? Ordnen Sie zu. Ein ½ Punkt für jede richtige
Antwort.

> Johanna Spyri – Angela Merkel – Arnold Schwarzenegger – Wilhelm Tell – Ludwig van
> Beethoven – Wolfgang Amadeus Mozart – Roger Federer – Heidi Klum – Kaiserin
> Elisabeth (Sisi) – Adi und Rudi Dassler

Deutschland	Österreich	Schweiz

___ / 5

2　Wie heißt es im Genitiv?

Ein ½ Punkt für jede richtige Antwort.

a Präpositionen, die den Genitiv benötigen, sind *(an)statt*, *während*, *trotz*, *w*_____,
　 *anges*_____ und *auf*_____.

b Ergänzen Sie.

　 i.　Während d__ Open-Air-Konzert_ ist die Straße gesperrt.

　 ii.　Statt d__ Kartoffeln nehme ich lieber den Reis.　　　　　　　　　　___ / 3

3　Was war vorher passiert?

Ergänzen Sie die Sätze mit dem Plusquamperfekt.

Beispiel:

Bevor Arnold Schwarzenegger in die USA ging, _____ er schon zweimal den
Mr. Universum-Titel in Europa _____. (gewinnen) →

Bevor Arnold Schwarzenegger in die USA ging, *hatte* er schon zweimal den
Mr. Universum-Titel in Europa *gewonnen*.

a Nachdem er 1975 seinen Rücktritt vom Leistungssport bekannt _____ _____, wechselte er ins Filmgeschäft. (geben)

b Schwarzenegger setzte sich für die Reduzierung von Treibhausgasen ein, nachdem er Gouverneur von Kalifornien _____ _____. (werden)

c Nachdem bekannt wurde, dass er eine Affäre mit seiner Hausangestellten _____ _____, trennten sich er und seine Frau. (haben) ___ / 3

4 Welches Wort passt nicht?

a Firmengründer: *Werner von Siemens, Adi Dassler, Hermann Hesse, Ferdinand Porsche*

b Industriebranche: *Pharmaunternehmen, Dienstleistungen, Maschinenbau, Autoindustrie*

c Standort Deutschland: *politische Stabilität, zentrale Lage, niedrige Gehaltskosten, hohe Produktivität* ___ / 3

5 Exportiert oder importiert?

a Deutschland _____ mehr Waren nach Asien als in die USA.

b Rohstoffe wie Kupfer und Aluminium _____ Deutschland vor allem aus Chile. ___ / 2

6 Indirekte Rede

Ein ½ Punkt für jede richtige Antwort.

sei – rechne – brauche – habe

Tom Tailor leicht optimistisch

Tom Tailor blickt mit leichtem Optimismus in die Zukunft. Wie das Unternehmen am Dienstag in Hamburg mitteilte, _____ man für die Herbstsaison mit einem Plus von etwa 2 Prozent. Wegen des heißen Sommers _____ das letzte Quartal schwierig gewesen. Es _____ auch Probleme mit einigen Marken gegeben. Für die Modernisierung _____ man noch ein wenig mehr Zeit.

___ / 2

7 Wie heißen die Fragen?

Beispiel: *Wovon warst du begeistert?* – Ich war von dem Konzert begeistert.

a _____? – Die Stadt ist für ihre schöne Altstadt bekannt.

b _____? – Er ist sehr an Sport interessiert.

c _____? – Ich bin für das Marketing verantwortlich. ___ / 3

8 Und zum Schluss: Wissen und Kultur

a Deutschland nannte man früher oft das Land der Dichter und _____.

b Wichtige Persönlichkeiten aus Deutschland sind für mich neben Goethe auch _____ und _____.

c Der Nationalheld der Schweiz ist zweifelslos _____.

d Zwei Österreicher, die in Hollywood Karriere gemacht haben, sind Arnold Schwarzenegger und _____.

e Die deutsche Wirtschaft ist sehr stark vom _____ abhängig.

f Wichtigster Wirtschaftszweig ist die Industrie. Dazu gehören die chemische Industrie, die Autoindustrie und der _____.

g Pluspunkte für den Standort Deutschland sind die gut ausgebildeten Arbeitskräfte und die juristische und politische _____.

h Um die Attraktivität des Standorts Deutschland zu erhöhen, investiert der Staat viel in Entwicklung und _____. ___ / 9

Gesamt
_____ / 30

Auswertung: 25–30 Punkte: Großartig. Damit haben Sie diesen Kurs erfolgreich abgeschlossen. Herzlichen Glückwunsch. 17–24 Punkte: Sehr gut. Wiederholen Sie noch einmal die Punkte, die Sie nicht verstanden haben. 16 Punkte und weniger: Gut gemacht. Wir würden aber vorschlagen, dass Sie dieses Kapitel noch einmal gründlich wiederholen.

Key to activities

Kapitel 1

Teil A

1 1 = d; 2 = h; 3 = e; 4 = a; 5 = g; 6 = b; 7 = c; 8 = f.
2 a Wie; **b** Woher; **c** Wo; **d** Wie; **e** Wo; **f** Was; **g** Wie;
h Welche, wie; **i** wann; **j** wie; **k** Warum; **l** was.
3 a Kommst du aus Berlin? **b** Wo bist du aufgewachsen?
c Welche Sprachen sprichst du? **d** Bist du berufstätig? /
Arbeitest du? **e** Wie findest du die Arbeit? / Wie ist die
Arbeit? **f** Bist du verheiratet? **g** Hast du Kinder? **h** Was
machst du gern? / Was ist dein Hobby? **i** Bist du schon in
London gewesen?
4 a Geburtsort; **b** Wohnort; **c** ledig; **d** Geschwister;
e Beziehung; **f** berufstätig; **g** Anfängerkenntnisse; **h** fließend.
5 a an, in; **b** bei, in; **c** vor, seit; **d** mit, von; **e** in, nach; **f** zu,
bei; **g** nach, zu.
6 a in; **b** seit; **c** bei; **d** als; **e** an; **f** aus; **g** bei; **h** Seit.
7 a Falsch. Sarah ist mittelgroß, hat aber blaue Augen.
b Richtig. **c** Falsch. Sie macht gern Sport und Fitness ist sehr
wichtig für sie. **d** Falsch. Deutsch hat sie nicht in der Schule
gelernt. Sie lernt es seit drei Jahren. **e** Falsch. Im Sommer
will sie für zwei Wochen oder länger nach Deutschland
fahren.

Teil B

1 a ausstellen; **b** machen; **c** putzen; **d** fahren; **e** kochen;
f abwaschen; **g** einkaufen; **h** staubsaugen; **i** aufräumen;
j waschen; **k** backen; **l** treffen; **m** schreiben/beantworten;
n herunterladen; **o** hochladen; **p** entspannen.
2 Sample answers a Gestern bin ich um halb sieben
aufgestanden. **b** Dann habe ich mich geduscht und
gefrühstückt. **c** Ich habe zu Hause gefrühstückt. Ich habe
ein Toast mit Ei gegessen und Kaffee getrunken. **d** Ich habe
das Haus gegen halb neun verlassen. **e** Ich hatte gestern
frei und bin in die Stadt gefahren. **f** Mittags habe ich ein
Baguette gekauft, bin in den Park gegangen und habe es
dort gegessen. Das Wetter war herrlich. **g** Ja, ich habe ein
Paar neue Turnschuhe und ein T-Shirt gekauft. **h** Abends
habe ich gekocht. Wir haben Lasagne mit Salat gemacht.
i Ja, ich bin am Nachmittag ins Fitnessstudio gegangen. **j** Ja,
ich habe meine Instagramseite gecheckt und ein paar Fotos
hochgeladen. **k** Am Morgen habe ich meine Hose gebügelt.
Sonst habe ich aber keine Hausarbeiten gemacht.

l Abends habe ich noch ferngesehen und lange mit einer
guten Freundin gesprochen. Wir haben viel gelacht.
3 a ✓; **b** ✗; **c** ✓; **d** ✗; **e** ✗; **f** ✓; **g** ✗; **h** ✓; **i** ✓; **j** ✗.
4

ich bedanke *mich*	wir bedanken **uns**
du bedankst **dich**	ihr bedankt *euch*
Sie bedanken **sich**	Sie bedanken **sich**
er/sie/es bedankt **sich**	sie bedanken **sich**

5 a Ich wasche mich später. **b** Ich dusche mich immer nach
meinem Workout. **c** Iris hat sich gestern verliebt. **d** Hast du
dich verletzt? **e** Darf ich mich vorstellen? **f** Ich möchte mich
bei dir bedanken. **g** Wann müsst ihr euch entscheiden?
h Wir müssen uns bis nächsten Freitag entscheiden.
i Auf der Feier haben wir uns gut amüsiert. **j** Am besten
entspanne ich mich beim Fernsehen.
6 1 = h; 2 = e; 3 = c; 4 = g; 5 = b; 6 = a; 7 = d; 8 = f.

Teil C

1 a Falsch. Chinesisch-Mandarin hat die meisten
Muttersprachler. **b** Richtig. **c** Richtig. **d** Falsch. Es gibt mehr
deutsche Muttersprachler. **e** Falsch. Insgesamt sprechen
mehr Menschen Deutsch als Japanisch.
2 a Insgesamt gibt es etwa 105 Millionen deutsche
Muttersprachler. **b** Man spricht Deutsch in Deutschland,
in Österreich, in der Schweiz, in Südtirol (Italien), in
Luxemburg und in Ostbelgien. **c** Die Standardsprache
heißt Hochdeutsch. Man sagt oft, dass man das beste
Hochdeutsch in der Gegend um Hannover spricht. **d** Man
schreibt Nomen oft zusammen und alle Nomen beginnen
mit einem Großbuchstaben. **e** Andere Merkmale der
deutschen Sprache sind, dass es drei Geschlechter und
vier Fälle gibt. Es gibt auch viele Regeln, wie zum Beispiel
bei der Wortstellung. Viele Lerner meinen, dass die
Aussprache und Rechtschreibung (Orthografie) nicht so
schwer sind. **f** Die meisten Deutschlerner gibt es in Polen.
Insgesamt lernen mehr als 14 Millionen Menschen Deutsch.
g Deutschland ist das zweitgrößte Exportland der Welt und
viele globale Firmen haben hier ihren Hauptsitz. Außerdem
ist Deutsch eine wichtige Businesssprache in Zentral- und
Osteuropa. **h** Es heißt Goethe-Institut.
3 a Weltsprachen; **b** Muttersprache; **c** Fremdsprache;
d Dialekte; **e** Standardsprache; **f** Fälle; **g** Rechtschreibung;
h Deutsch als Fremdsprache; **i** Kulturinstitut.

4 a Ich bin verheiratet **und** wir haben ein Kind. **b** Ich dusche mich **und** dann frühstücke ich. **c** Sie isst mittags nicht in der Kantine, **sondern** (sie isst) in einem Café. **d** Wir kommen heute Abend nicht mit, **denn** wir sind zu müde. **e** Machst du einen Onlinekurs **oder** gehst du zu einer Klasse? **f** Er muss sein Englisch verbessern, **denn** er hat im Herbst ein Seminar in Dublin. **g** Die Standardsprache heißt Hochdeutsch, **aber** es gibt auch sehr viele Dialekte. / Auch möglich: Die Standardsprache heißt Hochdeutsch **und** es gibt auch sehr viele Dialekte.
5 a weil; **b** obwohl; **c** obwohl; **d** weil; **e** weil.
6 Sample answers a Ich lerne Deutsch, weil ich Verwandte und Freunde in Deutschland habe. **b** Ich finde Deutsch interessant, obwohl manche Grammatikpunkte schwer sind. **c** Ich denke, dass Deutsch eine wichtige Sprache ist, weil Deutschland das zweitgrößte Exportland der Welt ist. **d** Ich bin heute ein bisschen müde, weil ich gestern auf einer Party war. **e** Entschuldigung, ich habe mich verspätet, weil es ein Problem mit der U-Bahn gegeben hat. **f** Ich kann am Wochenende leider nicht zur Party kommen, weil ich arbeiten muss. **g** Ich mache gern Sport, weil ich fit sein möchte. **h** Ich freue mich, weil es heute Freitag ist und ich am Wochenende frei habe.

Testen Sie sich

1 a aus, seit, in; **b** nach, zu.
2 a Wo bist du aufgewachsen? **b** Bist du schon (einmal) in Österreich gewesen?

Kapitel 2

Teil A

1 a Sport; **b** Musik; **c** Informatik; **d** Kunst; **e** Deutsch; **f** Werken / Technik; **g** Chemie.
2 a Er glaubt, dass *heute die jungen Leute mehr Druck haben.* **b** Daniela ist gern in die Grundschule gegangen, weil *sie sehr viel Freiheit hatte.* **c** Die weiterführende Schule hat ihr nicht gefallen, weil *sie viele Hausaufgaben machen musste.* **d** Dennis war froh, als *die Schulzeit vorbei war.* **e** Er hat sich gefreut, dass *er gleich eine Gärtnerlehre anfangen konnte.* **f** Inge durfte in der Schule nur sprechen, wenn *die Lehrer sie gefragt haben.* **g** Sie meint, dass *die Zeiten anders waren.*
3 a konnte, musste; **b** Solltet; **c** konnte; **d** wolltest; **e** wollte, wollte; **f** musste; **g** konnten; **h** durften; **i** Wollten; **j** wollte, konnte; **k** sollte, wollte.

3

	Essen	Geschirr	Wohnung	Freunde
abwaschen		✓		
aufräumen			✓	
saubermachen		✓	✓	
treffen				✓
kochen	✓			

4 dich; sich; euch.
5 a Ich denke, dass er noch viel lernen kann. (Komma vor *dass*)
b Manchmal koche ich oder mache Brote. (Kein Komma)
c Fremdsprachen sind wichtig, weil man etwas über andere Kulturen lernt. (Komma vor *weil*)
6 Nebenordnende Konjunktionen *und*, aber, sondern, denn, oder.
Unterordnende Konjunktionen *dass*, weil, obwohl, wenn, als.
7 a Sie wohnt noch in München, obwohl sie die Stadt nicht mag. **b** Viele Leute lernen Deutsch, weil Deutschland das zweitgrößte Exportland ist. **c** Ich höre immer Musik, wenn ich mein Zimmer aufräume. **d** Ich glaube, dass er letzten Sommer ein Praktikum gemacht hat.
8 a Österreich, Schweiz. **b** Hochdeutsch. **c** Fälle, Geschlechter. **d** Fremdsprache. **e** Goethe-Institut.

4 Sample answers a Ja, ich konnte als Kind sehr gut malen. **b** Ja, ich konnte auch sehr gut Skateboard fahren. **c** Als Kind konnte ich gut singen und auf Bäume klettern. Ich konnte nicht so gut rechnen und Computergames spielen. **d** Ich musste meinen Eltern manchmal bei den Hausarbeiten helfen. Ich habe zum Beispiel öfters abgewaschen oder meinen Eltern beim Kochen geholfen. Kochen hat mir immer Spaß gemacht. **e** Ich denke, ich durfte relativ viel fernsehen und auch soziale Medien benutzen. Aber ich musste immer zuerst meine Hausaufgaben machen. **f** Wochentags musste ich normalerweise gegen halb neun ins Bett (gehen). **g** Ja, am Wochenende durfte ich länger aufbleiben, meistens bis 23 Uhr. **h** Ja, als Kind wollte ich Ärztin oder Filmstar werden.
5 a Meine Lieblingsfächer waren zu dieser Zeit Musik und Erdkunde. **b** Mit meinen besten Freundinnen habe ich nach der 4. Klasse auf eine weiterführende Schule gewechselt.

c Am meisten habe ich mich dann für Englisch und Physik interessiert. d Nach der 10. Klasse haben einige von meinen Mitschülern eine Lehre angefangen. e Ich bin aber weiter in der Schule geblieben, weil ich mein Abitur machen wollte. f In der Oberstufe konnte ich einige von meinen Fächern selber wählen. g Es gab auch interessante AGs, zum Beispiel Theater und Elektronik. h Ich glaube, dass ich insgesamt eine sehr schöne Schulzeit hatte. i Ich war aber auch froh, als die Schule vorbei war, und ich etwas Neues anfangen konnte.
6 Answers will vary.

Teil B

1 1 = g; 2 = a; 3 = e; 4 = h; 5 = c; 6 = d; 7 = b; 8 = f.
2 a öffentlicher Dienst; b Kindergarten; c Studiengebühren; d Firma; e mittlere Reife; f Student/in; g Realschule; h Studienjahr.
3 a Hausaufgabe; b Wintersemester; c Sommersemester; d Bachelorstudium; e Kindergarten; f Rechtschreibung; g Studiengebühr; h Masterstudium; i Gesamtschule; j Hochschule; k Handwerk; l Wirtschaft; m Mitschüler; n Schulzeit.
4 a Falsch. Carsten macht die Lehre totalen Spaß. Er sagt: „Es läuft super." b Falsch. Er arbeitet 3–4 Tage in der Firma und geht 1–2 Tage in die Berufsschule. c Richtig. (Aber er lernt auch andere Fächer wie Deutsch und Englisch.) d Falsch. Er denkt, es ist ideal, dass Carsten die Theorie in der Berufsschule und die Praxis in seiner Firma lernt. e Richtig. f Falsch. Carsten würde sehr gern bei der Firma von Frank Weigold bleiben.
5 1 Jahrzehnten; 2 Theorie; 3 Betrieb; 4 Berufsschule; 5 ein; 6 zwei; 7 Ausbildung; 8 komplex; 9 übernehmen.

Teil C

1 1 = b; 2 = e; 3 = h; 4 = f; 5 = c; 6 = d; 7 = i; 8 = a; 9 = g.
2 a Seminar; b Bibliothek; c Mensa; d Dozentin; e Semester; f Klausur; g Bachelor.
3 a Fast 80% der Studenten glauben, dass sie gute bis sehr gute Chancen auf dem Arbeitsmarkt haben werden. 8% glauben, dass ihre Chancen nicht gut sind. b Viele Studenten denken, dass sich die Arbeitswelt wegen der Digitalisierung in der Zukunft stark ändern wird. Die meisten sehen das positiv und als Chance. c Ingenieurstudenten und Mediziner denken, dass sie besonders gute Berufschancen haben. d Weniger optimistisch sind Jurastudenten und Soziologen. e Sie meint, dass Universitäten die Studenten heute besser auf das Berufsleben vorbereiten.
4 a übermorgen; b November; c Abend; d Wochen; e bald; f Sommer; g Wochenende; h kommendes.
5 a Morgen besuchen wir unsere Eltern. b Demnächst lassen wir die Wohnung renovieren. c Ich fange bald mit meinem Englischkurs an. d Im Oktober fahren wir nach England. e Im September besucht uns Yann. f In zwei Wochen fange ich meinen Job als Bedienung an. g Am Wochenende gehen wir zum Windsurfen. h Übrigens, das Abendessen ist gleich fertig!
6

ich werde	wir werden
du wirst	ihr werdet
Sie werden	Sie werden
er/sie/es wird	sie werden

7 a Ja, es wird bestimmt morgen regnen. b Ja, sie wird wohl einen Master machen. c Ja, ich werde wohl für ein Semester nach Frankreich gehen. d Ja, sie werden wohl im September heiraten. e Ja, er wird wahrscheinlich noch kommen. f Ja, ich werde wahrscheinlich ein neues Tablet kaufen. g Ja, wir werden wahrscheinlich heute Abend ins Kino gehen. h Ja, es wird bestimmt noch Karten unter 10 Euro geben. i Ja, ich werde bestimmt zur Konferenz nach Berlin fahren. j Ja, sie wird bestimmt am Freitag stattfinden. k Ja, ich werde bestimmt meinen Sprachkurs weitermachen.

Testen Sie sich

1 a konntest, konnte; b mussten, durfte; c Sollte, konnte.
2 a N; b N; c P; d P.
3 a Realschule; b Erdkunde; c Fremdsprachen; d Klassenlehrerin; e Studiengebühren; f Vorlesung; g Wintersemester; h Wirtschaftswissenschaften; i Bachelorkurs.
4

	machen	gehen	sammeln	kennenlernen	bestehen
in die Schule		✓			
eine Prüfung	✓				✓
einen Abschluss	✓				
Erfahrungen	✓		✓		
neue Leute				✓	

5 a In zwei Wochen **werde** ich eine Schulfreundin in München **besuchen. b** Nach dem Abschluss **wirst** du sehr gute Berufschancen **haben. c** Was **werdet** ihr in den Sommerferien **machen? d** Ich **werde** die Karten übermorgen **abholen.**
6 a Er wird bestimmt anrufen. **b** Sie werden wohl bei ihren Eltern sein.
7 a Hauptschule, Gymnasium; **b** Gesamtschule; **c** duale; **d** Studiengebühren; **e** 80; **f** Mediziner.

Kapitel 3

Teil A

1 a hören; **b** lesen; **c** arbeiten; **d** sein; **e** treffen; **f** sein; **g** spielen; **h** machen; **i** gehen; **j** fahren; **k** machen/treiben; **l** gehen; **m** engagieren; **n** kümmern; **o** verbringen; **p** spielen; **q** einladen.
2 Sample answers a Ja, ich lese jeden Tag Zeitung, meistens aber online auf meinem Smartphone oder Tablet. Zeitschriften lese ich nicht so oft, manchmal am Wochenende. **b** Meistens höre ich Radio morgens beim Frühstück oder auch beim Kochen oder Abwaschen. **c** Wahrscheinlich verbringe ich jeden Tag zwei bis drei Stunden in den sozialen Netzwerken. **d** Sport mache ich dreimal pro Woche. Zweimal gehe ich ins Fitnesscenter und einmal pro Woche gehe ich schwimmen. **e** Nein, ich sehe nicht täglich fern. Ich sehe nur Programme, die ich interessant finde. **f** Meistens gehen wir zweimal oder dreimal in der Woche einkaufen. Am Wochenende kaufen wir meistens mehr ein. Während der Woche kaufen wir immer frische Sachen. **g** Ja, ich kümmere mich mehrmals die Woche um meine Mutter. Sie kann nicht mehr so gut gehen und da fahre ich sie zum Beispiel zum Arzt oder zum Friseur. **h** Ja, ich engagiere mich einmal in der Woche in einem Fahrradclub. Ich zeige Kindern, wie man sein Fahrrad selbst reparieren kann. / Nein, ich engagiere mich nicht ehrenamtlich. Leider habe ich im Moment nicht genügend Zeit.
3 a an + Akk.; **b** auf + Akk.; **c** für + Akk.; **d** über + Akk.; **e** um + Akk.; **f** nach + Dat.; **g** mit + Dat.; **h** bei + Dat.; **i** von + Dat.
4 1 = c; 2 = g; 3 = e; 4 = b; 5 = a; 6 = h; 7 = f; 8 = d.
5 a auf, über; **b** mit, über; **c** für, bei; **d** um, bei; **e** über, an.
6 a meinen; **b** den; **c** den; **d** die; **e** das; **f** die; **g** deiner; **h** ihrem; **i** seiner; **j** deinen, die; **k** ihrem, die.
7 a Ja, ich ärgere mich darüber. / Nein, ich ärgere mich nicht darüber. **b** Ja, ich interessiere mich dafür. / Nein, ich interessiere mich nicht dafür. **c** Ja, ich interessiere mich dafür. / Nein, ich interessiere mich nicht dafür. **d** Ja, ich freue mich darüber. / Nein, ich freue mich nicht darüber. **e** Ja, ich erinnere mich noch daran. / Nein, ich erinnere

mich nicht daran. **f** Ja, ich bewerbe mich darum. / Nein, ich bewerbe mich nicht darum. **g** Ja, ich kümmere mich darum. / Nein, ich kümmere mich nicht darum. **h** Ja, ich freue mich darauf. / Nein, ich freue mich nicht darauf.

Teil B

1 a N; **b** P; **c** P; **d** N; **e** P + N.
2 a Heimatstadt; **b** Weltstadt; **c** Wahrzeichen; **d** Einkaufsmöglichkeiten; **e** Miete; **f** Kulturangebot; **g** Stau; **h** unsozial; **i** Lebensqualität.
3 a Es gibt das Oktoberfest schon seit 1810, seit über 200 Jahren. **b** Am Anfang gab es dort ein großes Pferderennen. **c** Man hat es in den September verlegt, weil das Wetter da besser ist. **d** Eine Mass Bier entspricht genau einem Liter. Die Hendl sind gebratene Hühner, eine Spezialität auf dem Oktoberfest. **e** Man nennt es auch *die Wiesn.*
4 a wen; **b** wen; **c** wen; **d** wem; **e** wem; **f** wem; **g** wen.
5 a sie; **b** ihn; **c** ihm; **d** ihr; **e** ihnen; **f** sie; **g** sie.
6 Sample answers a Ich interessiere mich sehr für andere Kulturen. Ich finde es spannend, wie Menschen in einem anderen Land leben und was sie denken. Ich möchte gern mehr über andere Kulturen wissen. **b** Ich interessiere mich nicht für Golf. Golf finde ich total langweilig, weil sehr wenig passiert und ein Spiel viel zu lange dauert. **c** Ich ärgere mich über die hohen Mietpreise und die Gentrifizierung in meiner Stadt. Für die meisten Menschen ist es sehr schwierig, eine passende Wohnung zu finden. **d** In meiner Freizeit beschäftige ich mich oft mit meinem Garten. Ich kann mich gut entspannen, wenn ich etwas im Garten tue. **e** Ich rede nicht so gern über das Wetter. Das finde ich zu langweilig. **f** Ich habe mich sehr über den Besuch von meiner Tochter gefreut. Sie lebt jetzt mit ihrem Partner in Italien. Es war schön, dass sie ein paar Tage hier war. **g** Ich kann mich total für Computerspiele begeistern. Wenn ein neues Spiel herauskommt, muss ich es sofort testen. **h** Ich träume schon seit langem von einer Asienreise, weil ich so gern Japan und China besuchen möchte. Mein Traum ist es, einmal die Verbotene Stadt in Peking zu sehen. **i** Ich freue mich auf meinen Geburtstag im Juni, weil wir dann eine große Party machen und ich viele alte Freunde wiedersehen kann.

Teil C

1 Vorlieben *Ich bin kulturinteressiert. Ich schätze zeitgenössische Kunst Wir bevorzugen moderne Kunst. Ich mag die gesellige Seite im Verein. Ich gebe zu, ich bin total sportbegeistert. Ich habe große Lust, auf das Musikfestival zu gehen.*

Abneigungen *Ballett hat mich schon immer gelangweilt. An Fußball habe ich kein Interesse. Golf? Das wäre nichts für*

mich. Ehrlich gesagt, interessiert mich das nicht so besonders. Für Fantasie-Serien kann ich mich nicht begeistern.
2 a Vorlieben; **b** schätze; **c** sportbegeistert; **d** kulturinteressiert; **e** bevorzugen; **f** Interesse; **g** Laufenden.
3 1 = d; 2 = e; 3 = f; 4 = c; 5 = b; 6 = a.
4 a Leoni hat keine Lust, ihr Zimmer aufzuräumen. **b** Am Samstagmorgen genießt sie es, ihre Freunde in der Stadt zu treffen. **c** Ich glaube, es ist billiger, ein Jahresticket für das Fitnesscenter zu kaufen. **d** Ist es möglich, unser Meeting auf Dienstag zu verschieben? **e** Er findet es stressig, jeden Tag über zwei Stunden zu pendeln. **f** Haben Sie die Absicht, einen neuen Job zu suchen? **g** Ich hoffe, in den nächsten Wochen mehr Zeit zu haben.
5 a *Romantik*; **b** Yoga; **c** Turnen; **d** Kraftwerk; **e** Mass; **f** Symphonie; **g** Verlag.
6 a Er geht nachher in die Stadt, um seine Freunde zu treffen. **b** Sie macht Jiu-Jitsu, um sich besser verteidigen zu können. **c** Wir gehen ins Museum, um eine Ausstellung über Pop-Art zu sehen. **d** Sie lernt ein Instrument, um in einem Orchester zu spielen. **e** Er geht ins Fitnesscenter, um Muskeln aufzubauen. **f** Sie macht ein Praktikum, um Erfahrungen zu sammeln. **g** Er engagiert sich ehrenamtlich, um Flüchtlingen zu helfen.
7 Sample answers a Ich fahre in die Stadt, um *meine Freunde zu treffen.* **b** Ich lerne Deutsch, um *mich besser mit Leuten unterhalten zu können.* **c** Ich gehe nachher in den Park, um *meinen Hund auszuführen.* **d** Ich treibe jetzt mehr Sport, um *fitter zu werden und ein paar Kilo abzunehmen.* **e** Ich bleibe heute Abend zu Hause, um *mir eine neue Serie anzuschauen.* **f** Ich gehe am Wochenende ins Konzert, um *meine Lieblingssängerin live zu hören.* **g** Wir fahren im Sommer in die Alpen, um *wandern zu gehen.*

Testen Sie sich

1 a auf; **b** über; **c** bei, für.
2 a Worüber ärgern Sie sich? / Worüber ärgerst du dich? **b** Wofür interessiert sich Jasper? **c** Worauf freuen Sie sich? / Worauf freut ihr euch?
3 a *täglich*; **b** wöchentlich; **c** monatlich.
4 a Wahrzeichen; **b** Kulturangebot; **c** *Vorlieben*; **d** Stau; **e** Einkaufsmöglichkeiten; **f** ehrenamtliches Engagement.
5 a Ich habe Lust, ins Kino zu gehen. **b** Ist es möglich, einen Badmintoncourt zu buchen? **c** Wir haben versucht, sie einzuladen.
6 a Ich gehe jetzt zu einem Reitkurs, um reiten zu lernen. **b** Wir gehen oft wandern, um Ausflüge in die Umgebung zu machen. **c** Um einen guten Platz zu bekommen, müssen wir früh losfahren.
7 a Falsch. **b** Richtig. **c** Richtig. **d** Falsch. **e** Richtig. **f** Falsch. **g** Richtig.

Kapitel 4

Teil A

1 a vielseitig; **b** Trinkgeld; **c** Gehalt; **d** anlegen; **e** Sorgen; **f** Verantwortung; **g** Verständnis; **h** Geduld; **i** Arbeitszeit; **j** Arbeitsatmosphäre; **k** körperlich; **l** Karrierechancen.
2 a *serviert*; **b** verkauft; **c** betreut; **d** entwickelt; **e** leitet; **f** schneidet; **g** baut; **h** programmiert; **i** berät.

3

maskulin (sing)	maskulin (pl)	feminin (sing)	feminin (pl)
Altenpfleger	*Altenpfleger*	Altenpflegerin	*Altenpflegerinnen*
Bäcker	Bäcker	*Bäckerin*	Bäckerinnen
Jurist	*Juristen*	Juristin	Juristinnen
Koch	*Köche*	Köchin	Köchinnen
Immobilienmakler	Immobilienmakler	Immobilienmaklerin	Immobilienmaklerinnen
Journalist	Journalisten	*Journalistin*	Journalistinnen
Angestellter	*Angestellte*	Angestellte	*Angestellte*
Beamter	*Beamte*	Beamtin	*Beamtinnen*
Psychologe	*Psychologen*	Psychologin	Psychologinnen
Rechtsanwalt	*Rechtsanwälte*	Rechtsanwältin	Rechtsanwältinnen
Zahnarzt	*Zahnärzte*	Zahnärztin	Zahnärztinnen

4 a *Steuerberater*; **b** Kellner; **c** Jurist; **d** Fahrlehrer;
e Sicherheitsmitarbeiter; **f** Immobilienmakler;
g Bankkaufmann.
5 a Richtig. **b** Falsch. Er ist für die Locations, die Logistik
und das Budget verantwortlich, aber nicht immer für das
Marketing. **c** Falsch. In diesem Beruf gibt es viel Druck und
Stress. **d** Richtig. **e** Falsch. Es gibt verschiedene Wege. Man
kann Eventmanagement studieren. Man kann aber auch eine
Ausbildung nach der Schule machen. Man kann auch als
Quereinsteiger Eventmanager werden.
6 1 = g; 2 = e; 3 = b; 4 = f; 5 = c; 6 = d; 7 = h; 8 = a.
7 Sample answers a Wenn ich Hunger habe, koche ich
etwas oder bestelle eine Pizza. **b** Wenn ich gelangweilt bin,
lese ich ein Buch oder sehe fern. **c** Wenn ich Sport machen
möchte, gehe ich meistens ins Fitnesscenter. **d** Wenn ich
eine Prüfung habe, versuche ich immer, mich gut auf sie

vorzubereiten. **e** Wenn ich etwas Kulturelles machen will,
gehe ich meistens ins Museum oder in eine Galerie, weil ich
mich für Kunst interessiere. **f** Wenn ich am Wochenende frei
habe, unternehme ich gern etwas mit Freunden oder mache
einen Ausflug. **g** Wenn ich Ferien habe, fahre ich meistens
nach Südfrankreich, weil ich die Landschaft dort liebe.

Teil B

1 a *die Arbeitszeit*; **b** die Arbeits*atmosphäre*; **c** der
Termin*druck*; **d** der Nach*teil*; **e** der Vor*teil*; **f** das Urlaubs*geld*;
g die Kranken*versicherung*; **h** das Team*work*; **i** die Work-
Life-*Balance*; **j** der Feier*abend*; **k** die Mit*arbeiterin*; **l** die
Heraus*forderung*.
2 a Termindruck; **b** Mitarbeiterin; **c** Teilzeit; **d** Feierabend;
e Vorteil; **f** Sozialleistungen; **g** Work-Life-Balance.

3

	Torsten	Gina	Julius
Arbeitszeit	✓ – *findet 36,5 Stunden pro Woche in Ordnung*	✓ – arbeitet mehr als 40 Stunden, ist aber zufrieden	✗ – muss auch oft am Wochenende arbeiten
Arbeitsatmosphäre	✓ – ist gut, die Kollegen sind nett	✓ – unterstützt ihre Mitarbeiterinnen und Mitarbeiter	✗ – *nicht besonders gut, alle sind gestresst*
Sozialleistungen / Verdienst	✓ – Überstunden werden extra bezahlt; besser als früher	✓ – *ist mit dem Verdienst sehr zufrieden*	✓ – ist OK, vor allem, wenn sie einen Bonus bekommen
Job im Allgemeinen	✓ – ist zufrieden	✓ – ist sehr zufrieden	✗ – ist unzufrieden

4 a … gut ist und die Kollegen nett sind. **b** … Beruf
liebt. **c** … das Geld nicht das Wichtigste ist. **d** … oft am
Wochenende arbeiten muss.
5 a *Wenn*; **b** dass; **c** Seitdem; **d** bevor; **e** Weil; **f** obwohl;
g während; **h** Bevor.
6 a Weil sie viel im Team arbeitet, ist sie mit ihrer Arbeit
zufrieden. **b** Da sie die neuesten Maschinen benutzen,
ist die Arbeit körperlich nicht anstrengend. **c** Weil
Hannes selbstständig ist, arbeitet er oft am Wochenende.
d Obwohl er sehr viel arbeitet, mag Hannes seinen Job.
e Weil Julia abends oft arbeiten muss, kann sie nicht
ausgehen. **f** Bevor sie in einem Restaurant gearbeitet
hat, hat sie bei der Post gejobbt. **g** Wenn sie Trinkgeld
bekommt, findet sie die Bezahlung OK. **h** Seitdem sie
regelmäßig joggt, ist sie fitter.
7 Sample answers a … habe ich einen Spaziergang
gemacht. **b** … werde ich an einen See fahren und

schwimmen gehen. **c** … konnte ich dir leider nicht texten.
d … höre ich gern Radio. **e** … möchte ich gern ins
Restaurant gehen. **f** … sieht sie immer so müde aus.

Teil C

1 a Interessen und Hobbys; **b** Praktika; **c** Schulausbildung;
d Persönliche Angaben; **e** Fremdsprachen; **f** EDV; **g** Lehre;
h Studium; **i** Berufserfahrung.
2 a ihre Soft Skills (3); **b** Berufserfahrung (2); **c** Wunsch
nach einem persönlichen Gespräch (4); **d** Einleitung / Bezug
auf die Anzeige (1).
3 a leb**te**; **b** spiel**te**; **c** koch**te**; **d** studier**te**; **e** diskutier**ten**;
f mach**te**; **g** poste**te**; **h** arbeite**te**; **i** verabred**eten**;
j Wohn**ten**; **k** Interessier**test**; **l** frag**te**, mein**test**.

4

e → a	i → a	ei → ie	a → u
bewerben – bewarb	finden – fand	bleiben – blieb	fahren – fuhr
essen – aß	schwimmen – *schwamm*	heißen – hieß	waschen – wusch
helfen – half	singen – sang	scheinen – schien	wachsen – *wuchs*
lesen – las	sitzen – *saß*	schreiben – *schrieb*	tragen – trug
nehmen – *nahm*	trinken – trank	steigen – *stieg*	
sehen – sah		treiben – trieb	**Achtung – Ausnahmen:**
sprechen – sprach			gehen – ging
stehen – stand			kommen – kam
treffen – traf			
vergessen – *vergaß*			

5 a half; **b** aß; **c** stand; **d** hieß; **e** schrieb; **f** kamen; **g** fuhren;
h ging; **i** fandest; **j** fand, aussah; **k** tranken, aßen.
6 1 stand; **2** duschte; **3** trank; **4** aß; **5** ging; **6** fuhr;
7 *telefonierte*; **8** hatten; **9** sprach; **10** dauerte; **11** traf;
12 gingen; **13** aßen; **14** schien; **15** sah; **16** ging.
7 Answers will vary.

Testen Sie sich

1 *Ein Fitnesstrainer coacht Leute im Fitnesscenter.* Eine
Juristin berät Leute in Rechtsfragen. Eine Managerin
leitet oft ein Team. Ein Verkäufer verkauft Waren. Ein
Altenpfleger betreut ältere Leute.
2 a Fähigkeiten; **b** *Lebenslauf*; **c** Sozialleistungen;
d Tätigkeiten; **e** Erwartungen an den Beruf.
3 a Dann **fuhr** ich nach Hause. **b** Zu Hause **las** ich meine
Messages. **c** Um 6 Uhr **kam** mein Freund. **d** Wir **kochten**
etwas zusammen. **e** Um 9 Uhr **gingen** wir ins Kino und
danach **tranken** wir noch etwas.
4 i Regelmäßige Verben ich mach**te**, du mach**test**, Sie
mach**ten**, er/sie/es mach**te**, wir mach**ten**, ihr mach**tet**, Sie
mach**ten**, sie mach**ten**. **ii Unregelmäßige Verben** ich
ging, du ging**st**, Sie ging**en**, er/sie/es ging, wir ging**en**, ihr
ging**t**, Sie ging**en**, sie ging**en**.
5 a Obwohl sie in Sevilla gelebt hat, spricht sie nicht so
gut Spanisch. **b** Während er studierte, hat er viele Praktika
gemacht. **c** Seitdem er mit dem Fahrrad zur Arbeit fährt, ist
er abends immer müde. **d** Da sie im Ausland leben möchte,
arbeitet sie bei einer internationalen Firma.
6 a Richtig. **b** Falsch. **c** Falsch. **d** Falsch. **e** Falsch. **f** Richtig.

Kapitel 5

Teil A

1 1 = f; **2** = g; **3** = e; **4** = c; **5** = d; **6** = a; **7** = b; **8** = i; **9** = h.
2 a Großveranstaltung; **b** Sammlung; **c** Nobelmarke;
d besichtigen; **e** geöffnet; **f** Shoppingmeile; **g** Mahnmal;
h Panoramablick; **i** Wahrzeichen.

3 a Es gibt hunderte von Bären und man findet sie auf
Straßen und Plätzen, vor Hotels und in Geschäften. **b** Es
gibt sie seit 2001, als man für eine Kunstaktion 350 Bären
in der Stadt aufstellte. **c** Man hat den Bären gewählt, weil er
seit etwa 1280 das Wappentier der Stadt ist.
d Sie sollen Offenheit, Toleranz und internationale
Völkerverständigung symbolisieren. **e** Sie gehen an eine
Charity.
4 a in; **b** neben; **c** zwischen; **d** auf; **e** an; **f** vor; **g** über;
h unter; **i** hinter.
5 a legt, liegt; **b** geht, wartet; **c** sitzt; setzt; **d** fährt, steht;
e liegen, legen; **f** treffen, gehen.
6

Akkusativ	Dativ
(m) – de**n**	(m) – de**m**
(f) – di**e**	(f) – de**r**
(nt) – da**s**	(nt) – de**m**
(pl) – di**e**	(pl) – de**n**

7 Sample answers a Nein, in der Sporttasche ist sie
nicht. **b** Nein, auf dem Schreibtisch ist die Uhr nicht.
c Nein, auf dem Stuhl ist sie nicht. **d** Nein, unter dem Bett
liegt die Uhr auch nicht. **e** Nein, in der Wäsche ist sie nicht.
f Nein, neben dem Laptop ist die Uhr auch nicht. **g** Nein,
vor dem Telefon liegt die Uhr auch nicht. **h** Oh ja, sie liegt
auf der Spielekonsole.

Teil B

1 a *beeindruckend*; **b** spannend; **c** ehemalig; **d** überfüllt;
e toll; **f** beliebt; **g** günstig; **h** modern; **i** cool.
2 a *Hotel*; **b** KaDeWe; **c** Ingenieurkongress;
d Flugverbindung; **e** Taxi; **f** Rückgang; **g** Wiederaufbau.
3 a eine; **b** die; **c** ihren; **d** seinen; **e** die; **f** den; **g** nächst**es**;
h seinen, de**n**.
4 a seit; **b** zum; **c** mit; **d** Nach; **e** gegenüber; **f** Außer;
g von, nach; **h** aus.
5 a seit ein**em** Tag; **b** in ein**er** Airbnb-Wohnung, nicht
weit vom Zentrum; **c** mit d**em** Fernbus, mit d**em** Zug;

d durch das Zentrum, durch das Nicolaiviertel, im Pergamonmuseum; e für eine Woche, für meinen Mann, in den Reichstag, auf den Fernsehturm.
6 a Falsch. Sie machen am ersten Tag eine Stadtrundfahrt, um die Stadt besser kennenzulernen. b Falsch. Sie interessieren sich für Geschichte und gehen zum Beispiel ins Mauermuseum. c Falsch. Am zweiten Tag machen sie verschiedene Sachen. d Richtig. e Falsch. Sie müssen schon um 18.00 am Flughafen sein.

Teil C

1

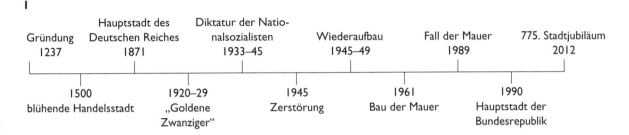

2 a die Wahl – wählen; b der Bau – bauen; c der Wiederaufbau – wiederaufbauen; d der Fall – fallen; e der Beginn – beginnen; f die Gründung – gründen; g die Teilung – teilen; h die Zerstörung – zerstören; i die Trennung – trennen.
3 a gründete; b folgten; c trennten; d baute; e fiel; f ging; g war; h kamen; i erholte.
4 1 = b; 2 = d; 3 = e; 4 = a; 5 = c; 6 = g; 7 = h; 8 = f.
5 a Das war Fahdels Idee. b Ich mag Shakespeares Theaterstücke. c Sie liest Vanessas Lebenslauf. d Er trägt Jakobs Sneakers. e Kennst du Mariannes Töchter? f Ist das Lisas Brille? g Was sind Martins Hobbys?
6 Sommerhitze für den Ferienstart
Meteorologen des Deutschen Wetterdienstes rechnen auch weiterhin mit viel Sonne für Berlin. Während des Tages können die Temperaturen morgen bis auf 32 Grad ansteigen. In der Umgebung von Berlin besteht wegen der Trockenheit die Gefahr von Waldbränden. Am Beginn des Wochenendes kann es regnen und zu Gewittern kommen.

Mehr Wohnungen für Berlin
Weil immer mehr Wohnungen fehlen, will der Berliner Senat die Zahl der neuen Stadtquartiere erhöhen. Statt der geplanten 30.000 Wohnungen sollen nun 45.000 neue Wohnungen gebaut werden. Das geht aus einem Dokument des Senats hervor. Trotz der Erhöhung glauben Kritiker, dass dies nicht genug ist.

Mehr tödliche Fahrradunfälle
Seit Beginn des Jahres sind bereits acht Radfahrer bei Verkehrsunfällen in Berlin ums Leben gekommen. Das teilte eine Sprecherin des Allgemeinen Deutschen Fahrradclubs mit. Letztes Jahr betrug die Zahl der toten Radfahrer insgesamt sieben. Das höchste Risiko gibt es in der Gruppe der Senioren – sechs von den acht Verkehrstoten waren Rentner.

Berliner sind mit ihrer Stadt zufrieden
Trotz einiger Probleme wie Infrastruktur oder Armut sind die Berliner mit ihrer Stadt zufrieden. Nach einer Studie des Instituts Polldoc leben 55% sehr gern und etwas 25% gern in der Stadt. Nur etwa 10% der Berliner wohnen ungern in der Hauptstadt. Die Autoren des Reports sprechen von einer „trotzigen Liebe" zu Berlin.
7 a humorvoll; b ehrlich; c tolerant; d schroff; e echte; f multikulturell; g individuell; h wirtschaftliche; i hoch; j soziale; k kulturelles; l alternative.

Testen Sie sich

1 a Stadtrundfahrt; b Unterkunft; c Automat; d Führung; e Denkmal.
2 Akkusativ bis, durch, für, gegen, ohne, um.
Akkusativ / Dativ an, auf, hinter, in, neben, über, unter, vor, zwischen.
Dativ aus, außer, bei, gegenüber, nach, seit, von, zu.
3 a den, dem; b dem, das; c seinen, seinem.
4 a Das Ende des Krieges. b Die Gründung der Bundesrepublik. c Der Fall der Mauer. d Die Wiedereröffnung des Parlaments.
5 a Nein. b Nein.
6 a Berlin hat etwa 3,4 Millionen Einwohner. b Berlin gibt es seit über 750 Jahren. c Man baute die Berliner Mauer 1961. d Das Wappentier von Berlin ist ein Bär. e Die Buddy Bären gibt es in vielen Teilen der Welt. f Gelder aus den verschiedenen Buddy-Bär-Aktivitäten gehen an eine Charity. g Ein guter Stadtteil zum Ausgehen ist Berlin-Mitte. h Die Touristenzahlen in den letzten Jahren haben sich verdoppelt. i Berliner nennen ihren Stadtteil Kiez. j Die meisten Berliner leben gern in ihrer Stadt.

Kapitel 6

Teil A

1 a Bundesländer; **b** Nordsee, Ostsee; **c** Rügen; **d** flach;
e Ruhrgebiet; **f** Einwohner; **g** Schwarzwald; **h** Alpen;
i Zugspitze; **j** Rhein, Elbe, Donau; **k** München, Stuttgart,
Frankfurt, Dresden; **l** Grenze.
2 a *Strände*; **b** Flüsse, Wälder; **c** Bäume; **d** Seen; **e** Hügel;
f Berge; **g** Landschaften; **h** Wolken.
3 a der Wald – *waldig*; **b** der Wind – windig; **c** der Berg –
bergig; **d** die Wolke – wolkig; **e** die Sonne – sonnig; **f** die
Langeweile – langweilig; **g** der Hunger – hungrig; **h** der Fleiß
– fleißig; **i** das Salz – salzig; **j** die Vielfalt – *vielfältig*.

4 a *Die Landschaft ist bergig.* **b** Die Umgebung ist hügelig.
c Die Mitte von Deutschland ist waldig. **d** Heute ist es
wolkig. / Heute ist es bewölkt. **e** Es ist sonnig. **f** Er ist
fleißig. **g** Nach dem Training sind sie immer durstig.
h Das Chili con Carne ist zu salzig. **i** Die Stadt ist sehr
vielfältig.
5 Sample answer
Im Vordergrund sieht man Wasser und einen Strand. Es kann
ein See oder auch ein Meer sein.
In der Mitte des Bildes gibt es einen Wald mit
vielen Bäumen.
Im Hintergrund kann man mehrere Hügel oder kleine
Berge sehen.
Außerdem gibt es ein paar Wolken.

6

	maskulin	feminin	neutrum	Plural
Nom.	der hohe Berg	die große Insel	das schöne Land	die alten Bäume
Akk.	den hohen Berg	die große Insel	das schöne Land	die alten Bäume
Dat.	dem hohen Berg	der großen Insel	dem schönen Land	den alten Bäumen
Gen.	des hohen Berges	der großen Insel	des schönen Landes	der alten Bäume

7 a längste; **b** höchste; **c** größten; **d** bevölkerungsreichste;
e größten; **f** meisten; **g** höchsten; **h** höchste;
i glücklichsten, skandinavischen.
8 Sample answers a Für mich ist Ungarisch die schönste
Sprache der Welt. Sie ist kompliziert und anders als andere
Sprachen, aber ich finde, sie klingt wunderschön. **b** Das
spannendste Buch, das ich je gelesen habe, ist ein Krimi von
Henning Mankell. Das Buch heißt *Die weiße Löwin* und spielt
sowohl in Schweden als auch in Südafrika. **c** Ich denke, dass
Oasis die beste Band ist. Neil und Liam Gallagher haben
tolle Songs geschrieben und auch ihre Bühnenshows waren
legendär. **d** Für mich ist *Respect* von Aretha Franklin der
beste Popsong aller Zeiten. Es ist ein wunderschönes Lied
und hat auch eine wichtige Message. **e** Ich finde, dass im
Moment Kate Winslet die beste Schauspielerin ist. Sie hat
so viele verschiedene Rollen gespielt, das ist einzigartig. Der
beste Schauspieler für mich ist Johnny Depp. Er hat eine
tolle Präsenz. **f** Ich denke, dass Istanbul die interessanteste
Stadt der Welt ist. Dort treffen Ost und West aufeinander.
Und die Stadt hat eine lange, faszinierende Geschichte.
g Ich glaube, dass Apple die besten Smartphones produziert.
Das Display und andere Features sind toll. Aber auch die
anderen Hersteller stellen sehr gute Geräte her.

Teil B

1 *1 = f*; 2 = g; 3 = e; 4 = a; 5 = h; 6 = d; 7 = b; 8 = c.
2 Positiv *Pünktlichkeit*, Ehrlichkeit, Offenheit,
Zuverlässigkeit, Fleiß, Disziplin, Toleranz, Freundlichkeit,
Direktheit, Humor.

Negativ
Arroganz, Pessimismus, Unpünktlichkeit, Faulheit,
Unzuverlässigkeit, Rechthaberei, Angeberei.
3 a offen → die Offen**heit**; **b** frei → die Frei**heit**; **c** krank →
die Krank**heit**; **d** wahr → die Wahr**heit**; **e** direkt →
die Direkt**heit**; **f** faul → die Faul**heit**; **g** gesund → die
Gesund**heit**; **h** ehrlich → die Ehrlich**keit**; **i** freundlich →
die Freundlich**keit**; **j** pünktlich → die Pünktlich**keit**;
k persönlich → die Persönlich**keit**; **l** zuverlässig → die
Zuverlässig**keit**; **m** großzügig → die Großzügig**keit**;
n dankbar → die Dankbar**keit**.
4 a Falsch. Vorurteile sind Urteile über Personen
oder Dinge, die man ohne solides Wissen oder eigene
Erfahrungen gebildet hat. **b** Falsch. Vorurteile können auch
etwas Positives beschreiben, zum Beispiel wenn man sagt,
dass die Engländer humorvoll sind. **c** Richtig. **d** Falsch.
Albert Einstein denkt, dass es sehr schwierig ist, Vorurteile
abzubauen. Er sagte: „Es ist leichter, einen Atomkern zu
spalten als ein Vorurteil."
5 i Nominativ a offener; **b** ehrliche; **c** cleveres; **d** nette.
ii Akkusativ a starken; **b** schöne; **c** blaues; **d** schwarze.
iii Dativ a neuen; **b** internationalen; **c** kleinen; **d** schwarzen.
6 a schöner, schöne; **b** neues, neue; **c** umweltfreundliches,
umweltfreundliche; **d** amerikanischer, amerikanische;
e bergige, bergigen; **f** sympathische, sympathischen;
g schwarze, elegante; schwarzen, eleganten.
7 a offener, freundlicher; **b** nette, sympathische; **c** starken;
d ehrlichen, zurückhaltenden; **e** offene, charmante; **f** beste,
besten; **g** enorme; **h** humorvollen; **i** gute; **j** positiven,
negativen.

8 Sample answers a Ich denke, dass ich ein eher verschlossener oder zurückhaltender Mensch bin. Ich spreche nicht so gern und viel über meine Gefühle. **b** Ich glaube, ich bin eine eher emotionale Person. Ich reagiere gern spontan und sage dann, was ich denke. **c** Ich meine, ich bin ein sehr positiver Mensch. Ich sehe meistens das Gute und Positive und für mich ist ein Glas eher halbvoll als halbleer. **d** Ich denke, positive Eigenschaften von mir sind meine Offenheit und Umgänglichkeit. Außerdem bin ich zuverlässig und habe Humor. **e** Eine negative Eigenschaft von mir ist vielleicht meine Unpünktlichkeit. Außerdem bin ich manchmal ungeduldig. Aber wie sagt man: Niemand ist perfekt.

9 a *ein Deutscher, eine Deutsche;* **b** ein Verlobter, eine Verlobte; **c** ein Bekannter, eine Bekannte; **d** ein Angestellter, eine Angestellte; **e** ein Arbeitsloser, eine Arbeitslose; **f** ein Jugendlicher, eine Jugendliche; **g** ein Erwachsener, eine Erwachsene.

Teil C

1 Getränke Wasser, Kaffee, Rooibos Tee, Schnaps. **Getreide, Getreideprodukte** Weizen, Roggen, Hafer, Reis, Brot, Vollkornbrötchen, Müsli, Pasta. **Obst / Gemüse etc.** Äpfel, Birnen, Weintrauben, Gurken, Zitronen, Erdbeeren, Rote Beete, Kohl, Salat, Karotten, Brokkoli, Bohnen, Radieschen. **Fisch / Fleisch etc.** Aal, Lachs, Rindfleisch, Hähnchen, Geflügelsalami, Schnitzel, Hering. **Milchprodukte** Quark, Sahne, Butter, Käse, Joghurt, Kefir. **Gewürze / Kräuter** Pfeffer, Safran, Salz, Koriander, Rosmarin, Oregano. **Süßwaren** Gummibären, Marmelade, Marzipan, Speiseeis, Schokoriegel.

2 1 = d; 2 = g; 3 = e; 4 = a; 5 = c; 6 = b; 7 = h; 8 = f.

3 a lecker; **b** scharf; **c** salzig; **d** fettig; **e** lokale; **f** vegan; **g** süß; **h** gesund.

4 a rohes; **b** Gesundes; **c** tiefgefrorene; **d** Grüne; **e** schwarzen; **f** wertvolle; **g** süßlichem; **h** vielen.

5 a Nichts ist besser als italienische Pizza! Das ist mein absolutes Lieblingsessen. Am besten schmeckt sie mir mit scharfer Salami und Peperoni. Selbstgemachte Pizza ist auch nicht schlecht, aber man braucht dafür ein bisschen Zeit. Es ist einfacher, den Pizza-Service anzurufen!

b Argentinisches Steak ist meine Nummer 1. Mit buntem Salat, frischem Baguette und frischer Kräutersoße – das ist unschlagbar. Dazu natürlich argentinischen Rotwein. Da fühle ich mich wie ein Gaucho im siebten Himmel.

c Am liebsten esse ich asiatische Gerichte. Thailändisches Massaman Curry, auch Gaeng genannt, ist vielleicht das beste Curry der Welt. Die Kombination aus süßlicher Erdnusssoße und leichtem Kardamom-Geschmack ist traumhaft. Chinesische Ente süß-sauer mit wildem Reis esse ich auch total gern.

d Einfaches, vegetarisches Essen finde ich am besten, zum Beispiel Brokkolicremesuppe oder Kartoffelauflauf mit Muskatnuss und holländischem Gouda überbacken. Dazu frische, saisonale Kräuter, wenn möglich aus dem eigenen Garten. Leckeres, gesundes Essen muss nicht teuer sein.

7 a *Leipziger Allerlei*; **b** Wiener Schnitzel; **c** Nürnberger Bratwurst; **d** Schwarzwälder Schinken; **e** Dresdner Stollen; **f** Lübecker Marzipan; **g** Zürcher/Züricher Geschnetzeltes; **h** Berliner Weiße.

8 1 For the strudel: peel the apples and cut in eight pieces. **2** For the filling: mix the apples, walnuts, cinnamon, sugar, raisins, the pulp of the vanilla pod and lemon juice together. If you like, add a shot of rum. **3** Preheat the oven to 200°C. **4** Melt the butter in a frying pan and sauté the breadcrumbs. **5** In a small pan melt some butter to brush onto the filo pastry. **6** Place two sheets of (ready made) filo pastry on a tea towel sprinkled with flour. Arrange the sheets next to each other so that they overlap in the middle by about 10 cm. Brush them with some melted butter and lay two more sheets of filo pastry on top of them. **7** Now cover the four sheets with the prepared breadcrumbs and spread the filling on top. **8** With the help of the tea towel roll up the strudel and fold over the two ends to close them. **9** Carefully place the strudel on a baking tray which has been covered with baking parchment. Bake for approximately 30–40 minutes.

Testen Sie sich

1

	bergig	mild	freundlich	ehrlich	traumhaft
Landschaft	✓				✓
Wetter		✓	✓		✓
Person			✓	✓	✓
Essen		✓			✓

2 a die Krank**heit**; **b** die Pünktlich**keit**; **c** die Persönlich**keit**; **d** die Frei**heit**.
3 a offen; **b** emotional; **c** positiv; **d** halbvoll.
4 I a Es gibt -e und -en. **b** Sie signalisieren das Geschlecht. **II a** Der höchste deutsche Berg ist die Zugspitze. **b** Der freundliche Mann. – Er ist ein freundlich**er** Mann. **c** Sie trägt das rote Kleid. – Sie trägt ein rot**es** Kleid. **d** Er jobbt bei einer groß**en** international**en** Firma. **e** Lecker**es**, gesund**es** Essen muss nicht teuer sein. **f** Er liebt selbstgemacht**e** Pizza mit frisch**en** Pilzen.
5 a Erdbeere; **b** Sojawurst; **c** Orange.
6 a Ostsee; **b** Alpen; **c** die Elbe / der Main / die Donau / die Oder / der Neckar etc.; **d** Frankfurt/Dresden/Stuttgart/Hannover/Nürnberg/Leipzig etc.; **e** Lederhosen/Effizienz/Zuverlässigkeit/Müsli/Birkenstock etc.; **f** Vorurteil; **g** Brokkoli / Datteln / Buchweizen / Grünkohl/Kale / Ingwer etc.; **h** Zürcher/Züricher; **i** Wiener; **j** Weiße.

Kapitel 7

Teil A

1 1 = d; 2 = a; 3 = h; *4 = b*; 5 = k; 6 = j; 7 = e; 8 = c; 9 = f; 10 = i; 11 = g.
2 a Christlich Demokratische Union; **b** Christlich Soziale Union; **c** Sozialdemokratische Partei Deutschlands; **d** Die Grünen; **e** Die Linke; **f** Freie Demokratische Partei; **g** Alternative für Deutschland.
3 a -*ei*: die Part*ei*, die Poliz*ei*; **b** -**heit**: die Einheit, die Offenheit; **c** -**ie**: die Demokratie, die Monarchie; **d** -*ion*: die Un*ion*, die Information; **e** -**ik**: die Politik, die Republik; **f** -**keit**: die Gerechtigkeit, die Nachhaltigkeit; **g** -**schaft**: die Gesellschaft, die Landschaft; **h** -**tät**: die Solidarität, die Kreativität; **i** -**ung**: die Regierung, die Bewegung; **j** -**mus**: der Sozialismus, der Kapitalismus; **k** -**or**: der Energiesektor, der Mot*or*; **l** -**ment**: das Parlament, das Dokument; **m** -**um**: das Zentrum, das Praktikum.
4 a Schwesterparteien, konservative; **b** Gerechtigkeit; **c** Deregulierung, Kontrolle; **d** ökologische; **e** Umweltpolitik; **f** Gesellschaft.
5 a Im Schweizer Parlament gibt es mehr Abgeordnete. **b** In Österreich führt der Bundeskanzler / die Bundeskanzlerin die Regierung. **c** Das Besondere an dem System in der Schweiz ist, dass es viele Elemente einer direkten Demokratie hat, das heißt, das Volk hat die Möglichkeit, durch Volksabstimmungen bei vielen Entscheidungen mitzubestimmen.
6 a *Das Parlament wird alle vier Jahre gewählt.* **b** Der Bürgermeister wird direkt gewählt. **c** Der Tag der Deutschen Einheit wird am 3. Oktober gefeiert. **d** Der Event wird von Greenpeace gesponsert. **e** Das Museum wird renoviert. **f** Das Konzert wird im Live-Stream gezeigt.
g Die Politiker werden von einer Journalistin interviewt. **h** Die Gäste werden von dem / vom Minister begrüßt.
7 a Das Bild *wurde* von einem niederländischen Künstler *gemalt*. **b** Der Song **wurde** von einer Gruppe aus Hamburg **gesungen**. **c** Wer **wurde** eigentlich zur Sportlerin des Jahres **gewählt**? **d** Die Brötchen **wurden** heute Morgen frisch **gebacken**. **e** Er **wurde** gestern **operiert**. **f** Die Turnschuhe **wurden** in Thailand **produziert**. **g** Durch das Feuer **wurden** viele Wälder **zerstört**. **h** 2018 **wurde** Wasser auf dem Mars **entdeckt**. **i** Von wem **wurde** eigentlich das Handy **erfunden**?
8 a Die Bundesrepublik wurde 1949 gegründet. **b** Die Berliner Mauer wurde 1961 gebaut. **c** Sie wurde 1989 geöffnet. **d** Der Bundestag oder genauer das Gebäude, wo der Bundestag debattiert, wird auch Reichstag genannt. **e** Ein berühmtes Marzipan wird in Lübeck hergestellt. **f** Die 9. Symphonie wurde von Ludwig van Beethoven komponiert. **g** Angela Merkel wurde als erste Frau zur Bundeskanzlerin gewählt. **h** Der Abschluss auf dem Gymnasium wird Abitur genannt. **i** In Deutschland werden zum Beispiel BMW, Mercedes, Porsche, Opel, VW und Audi produziert.

Teil B

1 a *Generation Y*; **b** Generation Z; **c** Baby Boomer; **d** Generation X.
2 a geburtenstark; **b** sinnvoll; **c** Mittelpunkt; **d** Karriere; **e** Konsum; **f** Bildungsniveau; **g** individualistisch; **h** Glück, Geld.
3 a Falsch. Emiola wuchs nicht direkt in Lagos auf, sondern in der Nähe auf dem Land. **b** Richtig. **c** Falsch. Ihre Kindheit war hart und sie konnte nur in die Grundschule gehen. **d** Richtig. **e** Falsch. Emiola verließ das Dorf, in dem sie wohnte, nur wenige Male. **f** Falsch. Richtig ist, dass Chinwes Kindheit einfacher war. Falsch ist aber, dass sie keine Zeit im Ausland verbringen konnte, weil sie nach der Universität im Ausland studierte.
4 a wuchs auf; **b** half; **c** war, spielte; **d** ging, machte; **e** fand; **f** träumte; **g** bewarb, zog; **h** gefiel, blieb.
5 a i Sie sprachen viel mit ihrer Tochter. ii Sie haben viel mit ihrer Tochter gesprochen. **b** i Bastian fuhr in den Urlaub. ii Bastian ist in den Urlaub gefahren. **c** i Sie heiratete mit 20. ii Sie hat mit 20 geheiratet. **d** i Er blieb mit seiner Freundin zusammen. ii Er ist mit seiner Freundin zusammen geblieben. **e** i Er wusch das T-Shirt mit der Hand. ii Er hat das T-Shirt mit der Hand gewaschen. **f** i Nach der Arbeit trank er gerne ein Glas Rotwein. ii Nach der Arbeit hat er gerne ein Glas Rotwein getrunken. **g** i Sie verbrachte viel Zeit im Fitnessstudio. ii Sie hat viel Zeit im Fitnessstudio verbracht. **h** i Wer gewann das Rennen? ii Wer hat das Rennen gewonnen? **i** i Wusstest du die Antwort? ii Hast du die Antwort gewusst?

6 a Als; **b** Als; **c** wenn; **d** Als; **e** als; **f** Wenn; **g** wenn.
7 Sample answers a Als ich ein Kind war, lebte ich in Shanghai, in China. **b** Als ich ein Kind war, spielte ich gern Computerspiele und ging sehr gern schwimmen. **c** Als ich ein Teenager war, hörte ich gern R&B. Ich interessierte mich aber auch für klassische Musik. **d** Als ich ein Teenager war, trug ich gern Markenkleidung. **e** Als ich mit der Schule fertig war, wollte ich Krankenschwester oder Altenpflegerin werden. **f** Ich habe das erste Mal Deutsch gehört, als ich mit meinen Eltern nach München gefahren bin. Ich fand, dass es eine schöne und lustige Sprache ist.

Teil C

1 a *das Heimatgefühl*; **b** die Gastarbeiter; **c** das Einwanderungsland; **d** die Staatsangehörigkeit; **e** der Migrationshintergrund; **f** die Integration; **g** die Zuwanderung; **h** die Einwohner; **i** der Lebensmittelpunkt.
2 a die Zuwanderung – zuwandern; **b** die Emigration – emigrieren; **c** der Anstieg – ansteigen; **d** die Zunahme – zunehmen; **e** der Fall – fallen; **f** die Abnahme – abnehmen.
3 a Ende 2017 lebten mehr als 10,6 Millionen Menschen mit ausländischer Staatsangehörigkeit in Deutschland. **b** Der wichtigste Grund für den Anstieg ist, dass mehr Menschen aus der Europäischen Union (EU) zuwanderten. **c** Seit 2016 kamen weniger Zuwanderer aus Syrien, Afghanistan und dem Irak. **d** Die meisten Ausländer stammen aus der Türkei, aus Polen und aus Syrien.
4 a Johann Wolfgang von Goethe wurde am achtundzwanzigsten August 1749 (siebzehnhundertneunundvierzig) in Frankfurt am Main geboren. **b** Wolfgang Amadeus Mozart wurde am siebenundzwanzigsten Januar 1756 (siebzehnhundertsechsundfünfzig) in Salzburg geboren. **c** Angela Merkel wurde am siebzehnten Juli 1954 (neunzehnhundertvierundfünfzig) in Hamburg geboren. **d** Angelique Kerber wurde am achtzehnten Januar 1988 (neunzehnhundertachtundachtzig) in Bremen geboren.
5 a Die Band hatte ihre beste Zeit **in den 70er-Jahren / Siebzigerjahren. b In den 1920er-Jahren / Neunzehnhundertzwanzigerjahren** war Berlin für sein Nachtleben berühmt. **c In den 80er-Jahren / Achtzigerjahren** gab es in der DDR viele Proteste gegen die Regierung. **d In den 1990er-Jahren / Neunzehnhundertneunzigerjahren** emigrierten viele Leute aus der ehemaligen Sowjetunion nach Deutschland.
6 a *alkoholisch*; **b** symbolisch; **c** biologisch; **d** *chemisch*; **e** ökologisch; **f** demokratisch; **g** energisch; **h** *politisch*; **i** kritisch; **j** optimistisch; **k** materialistisch; **l** modisch; **m** launisch.
7 a *sympathisch*; **b** launisch; **c** altmodische; **d** politischer; **e** unpolitisch; **f** nationalistisch; **g** demokratisch; **h** föderalistisches; **i** theoretisch; **j** praktischer; **k** pedantisch; **l** optimistisch.

Testen Sie sich

1 a die; **b** der; **c** das; **d** die.
2

Präsens	Präteritum	Perfekt
bleiben	blieb	geblieben
fahren	fuhr	*gefahren*
sprechen	sprach	gesprochen
treffen	*traf*	getroffen

3 a Als; **b** wenn; **c** Als.
4 a Bei einem **Passiv**satz liegt der Schwerpunkt auf der Aktion / dem Gegenstand. **b** Bei einem **Aktiv**satz liegt der Fokus auf dem Subjekt / der handelnden Person.
5 a Die Relativitätstheorie wurde von Albert Einstein entwickelt. **b** *Die Zauberflöte* wurde von Wolfgang Amadeus Mozart komponiert; **c** Die Wahl wurde von der Bürgermeisterin gewonnen.
6 a abnehmen; **b** DDR; **c** Wahlsystem.
7 a Nationalrat; **b** Bundes**kanzler** / die Bundes**kanzlerin**; **c** repräsentative; **d** Kantone; **e** direkten; **f** angestiegen; **g** Türkei; **h** Polen, Syrien; **i** Europäischen.

Kapitel 8

Teil A

1 a Yoga; **b** Fußball; **c** Tennis; **d** Schwimmen; **e** Leichtathletik; **f** Skifahren; **g** Pilates; **h** Nordic Walking; **i** Fitness und Workout.
2 a *ausüben*; **b** schwimmen; **c** schießen; **d** schlagen; **e** gewinnen; **f** spielen; **g** machen; **h** hinunterfahren; **i** kräftigen; **j** gehen; **k** teilnehmen; **l** eintreten; **m** bezahlen.
3 a In seiner Jugend war er einige Jahre lang Leistungssportler im Triathlon. **b** Nach der Schule hat er als Fitnesstrainer in einem Fitnessstudio angefangen und dann Sportwissenschaften studiert. Nach dem Studium hat er in verschiedenen Instituten gearbeitet, bevor er sein eigenes Studio in Stuttgart eröffnet hat. **c** Man muss regelmäßig und kontinuierlich trainieren. Man muss seine Stärken und Schwächen kennen und an seinen Schwächen arbeiten. **d** Ein Personal Trainer muss sich auf jeden einzelnen Klienten individuell einstellen können. Außerdem muss er andere motivieren können. Dabei muss er immer realistisch sein. **e** Das Feedback von seinen Kunden motiviert ihn, besonders wenn sie über sichtbare Erfolge berichten.
4 1 … kontinuierlich trainieren. **2** … planen.
3 … Schwächen zu arbeiten. **4** … an seine Stärken angleichen. **5** … sein.
5 1 = c; **2** = g; **3** = a; **4** = f; **5** = b; **6** = h; **7** = d; **8** = e.
6 a ich hätte, du hättest, Sie hätten, er/sie/es hätte, wir hätten, ihr hättet, Sie hätten, sie hätten. **b** ich wäre, du

wär(e)st, Sie wären, er/sie/es wäre, wir wären, ihr wär(e)t, Sie wären, sie wären. **c** ich würde, du würdest, Sie würden, er/sie/es würde, wir würden, ihr würdet, Sie würden, sie würden. **d** ich könnte, du könntest, Sie könnten, er/sie/es könnte, wir könnten, ihr könntet, Sie könnten, sie könnten. **e** ich müsste, du müsstest, Sie müssten, er/sie/es müsste, wir müssten, ihr müsstet, Sie müssten, sie müssten.

7 a Sie hätte gern einen Führerschein. **b** Sie wäre gern nicht so unpünktlich. / Sie wäre gern pünktlicher. **c** Sie würde gern mehr reisen. **d** Er wäre gern praktischer. **e** Er würde gern Arabisch sprechen. **f** Er würde gern weniger arbeiten. **g** Er würde gern gut/besser kochen. **h** Er hätte gern mehr Likes auf seinem Instagram-Account. **i** Er würde gern weniger Süßigkeiten essen.

8 a Könnten Sie mir helfen? **b** Wir **könnten** uns auch morgen treffen. **c** Er **müsste** kontinuierlicher trainieren. **d** Was **müsste** ich für einen Jahresbeitrag bezahlen? **e** Ich glaube, dass das nichts für mich **wäre**. **f Wär(e)t** ihr bereit, am Wochenende zu arbeiten? **g** Wir **müssten** gegen 19.00 Uhr Schluss machen. **h Hätten** Sie heute Abend Zeit? **i Hättest** du Lust, mit uns laufen zu kommen? **j Könntest** du mir einen Kaffee mitbringen?

Teil B

1 a das Familien*leben*; **b** der Alltag; **c** die Freizeit; **d** das Berufsleben; **e** der Stressfaktor; **f** der Selbstanspruch; **g** die Schlafstörung; **h** die Kopfschmerzen; **i** der Dauerstress; **j** die innere Einstellung; **k** der Feierabend; **l** der Ausgleich; **m** das Enkelkind.

2 1 = e; 2 = g; 3 = a; 4 = b; 5 = h; 6 = d; 7 = c; 8 = f.

3 a *positiv*; **b** zugenommen; **c** höher; **d** einfacher; **e** entspanntesten; **f** inneren; **g** Utopie.

4 a Gedanken/Meinungen Ich finde, dass … Wir meinen, dass … Meines Wissens … Meiner Ansicht nach … **b Zustimmung** Das denke ich auch. Das stimmt. Das ist richtig. Da bin ich (ganz) deiner Meinung. **c Zweifel/ Ablehnung** Das glaube ich dir nicht. Das sehe ich anders. Da stimme ich Ihnen nicht zu. Da bin ich anderer Meinung. **d Vorschläge machen** Ich würde vorschlagen, dass … Ich hab' da eine Idee. Warum versuchen wir es nicht? Wir könnten vielleicht …

5 a Ich meine, dass es ein spannender Roman ist. **b** Ich glaube, dass es eine ausgezeichnete Idee ist. **c** Ich finde, dass es eine hektische, aber auch interessante Stadt ist. **d** Ich bin sicher, dass es ein sehr intensives Training ist. **e** Meines Wissens ist es eine sehr alte Firma. **f** Meiner Meinung nach sind es wirklich professionelle Leute.

6 a von; **b** über; **c** gegen; **d** für; **e** zu; **f** über; **g** mit.

7 Sample answers a Ich denke, dass sich mein Leben in den letzten Jahren nur wenig verändert hat. Ich lebe relativ entspannt und versuche, das Leben zu genießen.

b Meiner Meinung nach ist die Arbeit für die meisten Menschen der größte Stressfaktor. Meines Wissens sind auch gesundheitliche Probleme ein wichtiger Faktor. **c** Nein, ich glaube, dass Stress nicht nur negativ, sondern auch positiv sein kann. Er kann uns motivieren, etwas zu tun. **d** Ja, diesem Spruch stimme ich zu. Mich nervt dieser Fitnesswahn, den es im Moment gibt. Ich denke, dass zu viel Sport nicht gut für die Gesundheit ist. **e** Da bin ich ganz anderer Meinung. Die meisten Fußballprofis verdienen meiner Ansicht nach viel zu viel. **f** Das stimmt. Ich war schon immer ein großer Fan von der Band. Für mich ist es die beste Band aller Zeiten. **g** Das ist nicht einfach zu beantworten. Ich mag Filme aus der Stummfilmära und denke, dass *Metropolis* von Fritz Lang ein Meisterwerk ist. Außerdem mag ich Jean-Luc Godard, besonders den Film *Außer Atem* mit Jean Seberg und Jean-Paul Belmondo. Meiner Meinung nach ist auch *12 Years a Slave* einer der besten Filme, den ich kenne.

Teil C

1 a der Aktivurlauber; **b** der Faulenzer; **c** das Partytier; **d** der Heimaturlauber; **e** der Abenteurer.

2 a *Brandenburger Tor*; **b** Zugspitze; **c** Rucksackurlaub; **d** Individualtourismus; **e** Heimaturlaub; **f** All-inclusive; **g** Last-Minute.

3 i maskulin der Urlaub – Urlaub**e**; der Ort – Ort**e**; der Preis – Preis**e**; der Höhepunkt – Höhepunkt**e**; der Kontrast – Kontrast**e**; der Termin – Termin**e**; der Flug – Fl**ü**g**e**; der Beitrag – Beitr**ä**g**e**; der Campingplatz – Campingpl**ä**tz**e**; der Strand – Str**ä**nd**e**; der Selbstanspruch –Selbstanspr**ü**ch**e**.

ii feminin die Reise – Reise**n**; die Piste – Piste**n**; die Gästekarte – Gästekarte**n**; die Idee – Idee**n**; die Attraktion – Attraktion**en**; die Gebühr – Gebühr**en**; die Region – Region**en**; die Landschaft – Landschaft**en**; die Stadt – St**ä**dt**e**; die Unterkunft – Unterk**ü**nfte.

iii neutrum das Angebot – Angebot**e**; das Problem – Problem**e**; das Turnier – Turnier**e**; das Land – L**ä**nd**er**; das Gehalt – Geh**ä**lt**er**; das Weingut – Weing**ü**t**er**.

iv Nomen: -er, -el, -en die Tochter – T**ö**chter; der Level – Level; der Wagen – Wagen.

4 a Angebote; **b** Unterkünfte; **c** Strände; **d** Urlaube; **e** Flüge; **f** Gebühren; **g** Weingüter; **h** Naturparks; **i** Landschaften.

5 a Die Deutschen reisen immer mehr. **b** Das beliebteste Urlaubsland ist Deutschland. Nach Deutschland folgen Spanien, Italien und Österreich. **c** Innerhalb Deutschlands ist Bayern das beliebteste Reiseziel. **d** Besonders beliebt bei Fernreisen sind die Karibik, Dubai, China, Thailand, Indonesien, Sri Lanka und die Malediven.

6 Sample answer Zuerst würde ich nach Argentinien fliegen. In Buenos Aires würde ich einen Tangokurs machen, viel tanzen und das Nachtleben genießen. Ich würde auch ein paar Tage nach Patagonien fahren und dort wandern. Dann würde ich Brasilien besuchen. An der Copacabana würde ich schwimmen gehen und ein paar Cocktails trinken. Anschließend würde ich nach New York weiterreisen, dort die Freiheitsstatue besichtigen und auch ins Museum of Modern Art gehen. Als nächstes würde ich nach Lagos in Nigeria fliegen. Dort gibt es tolle Seebäder, Boutiquen und ein wunderbares Kulturangebot. Als nächstes würde ich Kapstadt und den Tafelberg besuchen. Und zum Schluss würde ich nach Australien fliegen und eine Rundreise durch das Land machen.

7 Sample answers a Wenn ich mehr Zeit hätte, dann würde ich mehr im Garten arbeiten. **b** Wenn ich mehr Geld hätte, dann würde ich eine größere Wohnung mieten. **c** Wenn ich eine Sprache perfekt sprechen könnte, dann würde ich am liebsten Chinesisch sprechen. **d** Wenn ich eine bekannte historische Person sein könnte, dann würde ich am liebsten Shakespeare sein. **e** Wenn ich mir meinen Traumjob aussuchen könnte, dann würde ich am liebsten als Musiker arbeiten. **f** Wenn ich etwas in der Welt verändern könnte, dann würde ich mehr gegen die Armut unternehmen.

Testen Sie sich

I a -en: Sportarten, Meinungen, Ausstattungen, Kreuzfahrten; **b** -¨e: Hände, Wände, Städte, Unterkünfte; **c** -¨e: Räume, Bäuche, Verträge, Campingplätze; **d** -: Rücken, Sportmuffel, Leben, Waschbecken; **e** -s: Pools, Fitnessstudios, Workouts, Tickets.
2 a aufziehen; **b** vereinbaren; **c** abschalten; **d** genießen.
3 a Er hätte gern eine größere Wohnung. **b** Sie wäre gern geduldiger. **c** Sie würden gern besser fotografieren.
4 a Ein Konditionalsatz drückt aus, dass eine Handlung nur unter einer bestimmten **Bedingung** stattfinden kann. **b** Meistens leitet man einen Konditionalsatz mit **wenn** ein.
5 a Wenn man privat wohnt, kann man besser Land und Leute kennenlernen. **b** Wenn ich genug Zeit und Geld hätte, würde ich ein Jahr im Ausland verbringen. **c** Wenn ich in der Stadt meiner Wahl leben könnte, würde ich am liebsten in Wien leben.
6 1 = d; 2 = a; 3 = e; 4 = b; 5 = c.
7 a regel**mäßig**; **b** Schwächen; **c** Arbeit, Termine; **d** Reise**weltmeister**; **e** Deutschland, Italien; **f** Bayern.

Kapitel 9

Teil A

I a Klimawandel; **b** Mülltrennung; **c** Sack; **d** Papier und Zeitungen; **e** Plastiktüte; **f** Pfandflasche; **g** Elektroauto;
h Hybridauto; **i** Solarenergie, Windenergie; **j** Kohle und Erdöl; **k** Energiewende.
2 1 = f; 2 = a; 3 = h; 4 = e; 5 = d; 6 = b; 7 = c; 8 = g.
3 Der Müll wird getrennt gesammelt. **b** Die Mülltonnen werden alle 14 Tage abgeholt. **c** Die Flaschen werden zum Glascontainer gebracht. **d** Die Autobatterien werden jetzt in China produziert. **e** Zeitungen werden fast ganz aus Recyclingpapier hergestellt. **f** Aus altem Glas werden zum Beispiel neue Flaschen gemacht. **g** Durch das Recycling von Textilien wird viel Energie gespart.
4 a Das Wort Klimawandel bezeichnet die Veränderung des Klimas auf unserer Erde. **b** Die Meere und auch die Atmosphäre erwärmen sich. **c** Der Klimawandel ist besonders in den Polarregionen sichtbar. Die Eisdecke hat sich dort in den letzten 30 Jahren halbiert. **d** Der Hauptgrund für den Klimawandel ist die Zunahme von Treibhausgasen, besonders von Kohlendioxid und Methan.
5 i der Zeitungsartikel; das Wirtschaftsklima; die Kindheitserinnerung; der Ausbildungsplatz; die Öffnungszeiten; das Lieblingsland; der Lebensmittelpunkt; die Essenszeit; der Museumsbesuch; die Einkaufsstraße; das Glücksgefühl.
ii das Taschentuch; die Sonnenenergie; der Familienurlaub; die Wochenkarte; die Augenfarbe; der Interessenskonflikt.
iii das Bundesland; der Bundespräsident; der Meeresspiegel; das Tagesprogramm.
6 a Lebensmittelpunkt; **b** Lieblingsland; **c** Familienurlaub; **d** Öffnungszeiten; **e** Ausbildungsplatz; **f** Glücksgefühl; **g** Sonnenenergie; **h** Meeresspiegel.
7 a wann; **b** wohin; **c** wie; **d** was; **e** warum; **f** ob; **g** ob; **h** wo.
8 Sample answers a Natürlich weiß ich, wohin Papier und Zeitungen kommen. Sie kommen in die blaue Tonne. / Leider weiß ich nicht, wohin Papier und Zeitungen kommen. **b** Natürlich kann ich Ihnen sagen, was fossile Brennstoffe sind. Das sind vor allem Kohle, Erdöl und Erdgas. **c** Natürlich kann ich erklären, was ein Elektroauto ist. Ein Elektroauto fährt mit einem Elektromotor und mit Strom, statt mit Benzin. **d** Natürlich weiß ich, was eine Pfandflasche ist. Für eine Pfandflasche bekommt man Geld zurück, wenn man sie ins Geschäft bringt. **e** Natürlich weiß ich, was passiert, wenn die Pole weiter schmelzen. Dann steigt der Meeresspiegel an. **f** Natürlich kann ich kurz erklären, was Klimawandel bedeutet. Der Klimawandel bezeichnet die Veränderung des Klimas auf der Welt. Ein Beispiel für den Klimawandel ist die globale Erwärmung. Man kann den Effekt besonders in den Polarregionen sehen. Der Hauptgrund für den Klimawandel ist die Zunahme von Treibhausgasen, besonders von Kohlendioxid und Methan.

Teil B

I 1 = d; 2 = h; 3 = f; 4 = b; 5 = c; 6 = a; 7 = i; 8 = j; 9 = g; 10 = e.
2 a an; **b** von; **c** mit; **d** ohne, innerhalb; **e** gegen; **f** zwischen; **g** im; **h** für.

3 1 = e; 2 = d; 3 = b; 4 = c; 5 = a.

4 a Ist eine Wochen- oder Monatskarte günstiger? **b** Er ging erst in die Grund- und dann in die Realschule. **c** Sie mag weder Pop- noch Rockmusik. **d** Fängt er im Sommer- oder im Wintersemester an? **e** Für die CDU sind die Familien- und Wirtschaftspolitik sehr wichtig. **f** Das Ruhrgebiet war lange Zeit das Kohle- und Stahlzentrum von Deutschland. **g** Ein Hybridauto besitzt eine Kombination aus Verbrennungs- und Elektromotor. **h** Sybille ist eine gute Weit- und Hochspringerin. **i** Machst du einen Französisch- oder Englischkurs?

5

Bürokratie ☐	Demokratie ☑	
Sprachen ☑	Geschichte ☑	
Reisefreiheit ☑	Sport ☐	Wirtschaft ☐
Euro ☐	Kultur ☑	Identität ☑

6 a Richtig. **b** Falsch. Er meint, dass Europa als größerer Block viel stärker und einflussreicher ist. **c** Falsch. Sie meint, dass es in Europa ein viel größeres Interesse an der Kunst gibt als in Amerika und dass das Kulturleben in den USA total kommerzialisiert ist. Außerdem meint sie, dass sie sich als Künstlerin in Europa akzeptiert fühlt und dass sie sich hier weiterentwickeln kann. **d** Richtig. **e** Falsch. Sie sagt, dass sich in Europa eine neue Identität entwickelt – sie denkt aber, dass dies positiv ist. Sie sagt, sie findet es spannend. **f** Falsch. Sie sagt, sie hat über Europa eigentlich erst nachgedacht, als sie das Thema im Unterricht behandelt haben.

7 Answers will vary.

Teil C

1 a *schreiben*; **b** kommen; **c** vorbereiten; **d** teilnehmen; **e** suchen; **f** diskutieren; **g** redigieren; **h** rausfahren; **i** machen; **j** recherchieren; **k** laden; **l** laden; **m** aktualisieren; **n** vereinbaren; **o** einfangen.

2 1 = c; 2 = f; 3 = a; 4 = b; 5 = g; 6 = i; 7 = e; 8 = d; 9 = h.

3 a … Medienunternehmen in Österreich. **b** … über Rundfunkbeiträge. **c** … dominieren den Printmarkt in Österreich. **d** … bekannteste Qualitätszeitung der Schweiz. **e** … SRF (Schweizer Radio und Fernsehen). **f** … dem ZDF, der ARD, dem ORF und dem SRF.

4 a Fotografen; **b** Student; **c** Name; **d** Namen; **e** Kollegen; **f** Kunde; **g** Nachbarn; **h** Mensch; **i** Menschen; **j** Russe, Pole; **k** Herrn, Präsidenten.

5 a das, die; **b** der, die; **c** der, den; **d** der, dem; **e** der, dem; **f** dessen, deren; **g** die, denen.

6 a Qualitätszeitung; **b** Boulevardblatt; **c** Sportteil; **d** Lokalteil; **e** ZDF, ORF; **f** Netflix, Amazon; **g** Journalist;

h Mechatroniker; **i** Hybridauto; **j** Schwarzwald; **k** Apfelstrudel; **l** Pauschalurlaub.

7 Sample answers a …, *die* wöchentlich erscheint. **b** …, *in dem* man viel über wirtschaftliche Themen lesen kann. **c** …, **in dem** man etwas über kulturelle Themen erfährt. / **in dem** man zum Beispiel etwas über Filme, Bücher oder Konzerte lesen kann. **d** …, **das** vor allem über Sport berichtet. **e** …, **die** in einer Bank arbeitet und zum Beispiel Kunden über Investitionen berät. **f** …, **der** Patienten hilft. **g** …, **die** Veranstaltungen organisiert. **h** …, **das** mit einem Elektromotor fährt. **i** …, **in dem** das deutsche Parlament seine Sitzungen hat. **j** …, **die** die Regierung führt. **k** …, **der** etwa 8,7 Millionen Einwohner hat. / … **der** eine lange Geschichte hat. /… **dessen** Hauptstadt Wien ist. **l** …, **in dem** man vier Amtssprachen hat. / …, **das** aus 26 Kantonen besteht. / …, **dessen** Hauptstadt Bern ist.

Testen Sie sich

1 a Windenergie; **b** Solaranlagen; **c** Sonnenenergie; **d** Restmüll.

2 a Qualitätszeitung; **b** Tageszeitung; **c** Familienurlaub; **d** Wochenende; **e** Lieblingsband; **f** Informationsquelle.

3 a Kannst du mir sagen, wann ihr Geburtstag ist? **b** Wissen Sie, wie oft das EU-Parlament gewählt wird? **c** Könnte ich Sie fragen, wie hoch der Monatsbeitrag ist? **d** Ich hätte gern gewusst, ob man hier in der Nähe gut essen kann.

4 1 = c; 2 = d; 3 = b; 4 = a.

5 a das; **b** die; **c** der; **d** dessen; **e** denen.

6 a Das ist Herr Schweitzer. – Kennst du Herrn Schweitzer? **b** Kennst du einen guten Architekten? – Er ist Architekt von Beruf. **c** Wie ist dein neuer Kollege? – Wir haben einen neuen Kollegen.

7 a die *Süddeutsche Zeitung* und die *Frankfurter Allgemeine Zeitung*; **b** ZDF; **c** RTL; **d** *Spiegel*; **e** rapide; **f** immer wichtiger; **g** SRF; **h** *Zürcher*.

Kapitel 10

Teil A

1 a *aufwachsen*; **b** übersetzen; **c** auslösen; **d** komponieren; **e** anschließen; **f** kämpfen; **g** studieren; **h** machen; **i** arbeiten; **j** revolutionieren; **k** engagieren; **l** stellen; **m** veröffentlichen; **n** erhalten; **o** sein.

2 a denen; **b** der; **c** der; **d** die; **e** die; **f** dessen.

3 a Farbenlehre; **b** Profivertrag; **c** Relativitätstheorie; **d** Zeichnungen; **e** Mineralogie; **f** Drehbuchautor; **g** Realityshow.

4 a ihres Studiums; **b** der; **c** der; **d** seines Engagements; **e** eines Dreijahresvertrags; **f** seiner; **g** des, Erfolgs.

5

Wolfgang Amadeus Mozart Ö   Johanna Spyri S   Roger Federer S
Arnold Schwarzenegger Ö   Kaiserin Elisabeth Ö   Wilhelm Tell S

6 Sample answer
Österreich
Bekannt ist Österreich vor allem *für seine Musiker und Komponisten.*
Über Mozart ist viel geschrieben worden, *weil es von ihm und seiner Familie viele hinterlassene Briefe und Informationen gibt.*
Im 18. und 19. Jahrhundert *war Wien das Zentrum der europäischen Musik.*
Berühmte Schriftsteller und Künstler sind *Gustav Klimt, Oskar Kokoschka, Egon Schiele, Hugo von Hofmannsthal, Stefan Zweig, Arthur Schnitzler und Elfriede Jelinek.*
Bertha von Suttners Leistung besteht darin, dass sie *einen der ersten Antikriegsromane geschrieben hat, für den sie 1904 den Friedensnobelpreis erhielt.*

Arnold Schwarzenegger und Christoph Waltz *haben beide in Hollywood Karriere gemacht.*
Wilhelm Tell ist der *Nationalheld der Schweiz.*

Schweiz
Man weiß aber nicht, ob er *wirklich gelebt hat.*
Das Rote Kreuz wurde 1864 *von dem Schweizer Geschäftsmann Henri Dunant gegründet.*
Johanna Spyri schrieb die *Heidi-Romane, die zu den meistgelesenen Kinderbüchern der Welt zählen.*
Andere wichtige Schriftsteller sind *Hermann Hesse und Max Frisch.*
Der bekannteste Sportler der Schweiz *ist Roger Federer.*

7

haben		sein	
ich *hatte*	wir **hatten**	ich **war**	wir **waren**
du **hattest**	ihr **hattet**	du **warst**	ihr **wart**
Sie **hatten**	Sie **hatten**	Sie **waren**	Sie **waren**
er/sie/es **hatte**	sie **hatten**	er/sie/es **war**	sie **waren**

8 a hatten; **b** hatte; **c** war; **d** hatten; **e** Wart; **f** hatte; **g** Hattest; **h** hatte; **i** waren.

Teil B

1 1 = e; 2 = c; 3 = b; 4 = g; 5 = a; 6 = h; 7 = d; 8 = f.
2 a organisiert; **b** hilfsbereit; **c** einflussreich; **d** motiviert; **e** engagiert; **f** effizient; **g** schockiert; **h** tolerant; **i** vielfältig; **j** begeistert; **k** beeindruckt.
3 a Tübingen ist **für** seine alte Universität berühmt.
b Sie hat sich **in die** Stadt und ihr**e** Einwohner verliebt.
c Sie sind stolz **auf** ihre drei Kinder. **d Für die** Einladung und **das** Stipendium bin ich sehr dankbar. **e** Tom ist sehr **an der** Geschichte seiner Heimatstadt interessiert. **f** Er war **von der** Infrastruktur und **der** Freundlichkeit der Menschen begeistert. **g** Sie sind **für die** ganze Organisation verantwortlich. **h Zu** sein**en** Großeltern ist er immer besonders nett. **i** Waren Sie **mit dem** Essen und **dem** Service zufrieden?
4 Sample answers a Ich bin besonders an moderner Geschichte interessiert. Ich lese viel über die Ereignisse in den letzten Jahrzehnten. Ich finde es faszinierend, wie sich die Welt verändert. **b** Ich bin besonders von Michelle Obama beeindruckt. Ich finde, sie hat sehr viel für

Mädchen und Frauen getan. Sie ist eine sehr intelligente und starke Frau. **c** Ich bin von gutem Essen und gutem Wein begeistert. Ich koche selber auch sehr gern. Ich nehme sehr gern an Weinproben teil. **d** Ich bin manchmal darüber schockiert, wie viele Lebensmittel weggeschmissen werden, die eigentlich noch gut sind. Das finde ich, ist ein großer Skandal. **e** Meine Stadt ist für ihren alten Dom und ihre schöne Altstadt bekannt. Viele Gebäude stammen noch aus dem Mittelalter. **f** Ich bin mit dem Sozialsystem in meinem Land zufrieden und dass wir eine offene und tolerante Gesellschaft sind. Nicht zufrieden bin ich mit der Bürokratie. **g** Ich bin auf meine zwei Kinder stolz.
5 sein ich sei; du sei(e)st; Sie seien; er/sie/es sei; wir *seien*; ihr seiet; Sie seien; sie seien. **haben** ich *habe*; du habest; Sie haben; er/sie/es habe; wir haben; ihr habet; Sie haben; sie haben. **machen** ich mache; du machest; Sie *machen*; er/sie/es mache; wir machen; ihr machet; Sie machen; sie machen. **kommen** ich komme; du kommest; Sie kommen; er/sie/es *komme*; wir kommen; ihr kommet; Sie kommen; sie kommen. **können** ich *könne*; du könnest; Sie können; er/sie/es könne; wir können; ihr könnet; Sie können; sie können.
6 a Es gibt mehr als 350.000 ausländische Studenten. Die meisten kommen aus China, Indien und Russland. **b** Viele Ausländer studieren in Deutschland wegen der hohen

Qualität der Studiengänge, der geringen Studiengebühren und der guten Karrierechancen auf dem deutschen Arbeitsmarkt.

Konjunktiv I	Konjunktiv II
gebe, habe, seien, seien, steige	kämen, wären

7 a sei; **b** seien; **c** gebe; **d** seien; **e** könne; **f** helfe; **g** könne; **h** mache; **i** habe.

Teil C

1 a Mode und Sportartikel; **b** Banken und Versicherungen; **c** Elektro und Elektrotechnik; **d** Chemie und Pharma; **e** Reisen und Tourismus; **f** Auto und Autozulieferer; **g** Logistik; **h** Handel und Lebensmittel.
2 1 = d; 2 = g; 3 = a; 4 = f; 5 = i; 6 = k; 7 = c; 8 = e; 9 = j; 10 = l; 11 = b; 12 = h.
3 a *Motor*; **b** Export; **c** Waren; **d** Innovationskraft; **e** Mittelstand; **f** Erfinder; **g** Ausbildung; **h** Handelspartner; **i** Hauptsitz; **j** Warenangebot; **k** Filialen; **l** Start-up-Unternehmen.
4 1 = c; 2 = d; 3 = h; 4 = f; 5 = k; 6 = i; 7 = j; 8 = a; 9 = b; 10 = g; 11 = e.
5 a Republik; **b** Bundesrepublik; **c** Volkswagen; **d** Personenkraftwagen; **e** Bayerische Motoren Werke; **f** Deutsch als Fremdsprache; **g** Süddeutsche; **h** Kohlendioxid; **i** Europäische Union; **j** Deutsche Bahn.
6 a i Deutschland liegt im Zentrum von Europa und ist Drehscheibe zwischen Ost und West. **ii** Deutschland verfügt über sehr gut ausgebildete Arbeitskräfte. **iii** Das Verkehrsnetz ist ausgezeichnet. **iv** Der Staat versucht, mit Geldern und Programmen die Attraktivität des Standorts Deutschlands zu erhöhen und investiert viel in Forschung und Entwicklung. **b** Die Gehaltskosten und Steuern sind im internationalen Vergleich relativ hoch. Auch was Vorschriften und Bürokratie betrifft, gibt es in Deutschland mehr Vorgaben als zum Beispiel in angelsächsischen Staaten. Auch hat Deutschland vergleichsweise viele Feiertage. **c** „Made in Germany" steht für sehr hohe Qualität von Produkten und Dienstleistungen.
7 a die; **b** der; **c** der; **d** dem; **e** die; **f** dessen; **g** deren; **h** das; **i** dem.
8 Answers will vary.

Testen Sie sich

1 Deutschland Angela Merkel, Ludwig van Beethoven, Heidi Klum, Adi und Rudi Dassler; **Österreich** Arnold Schwarzenegger, Wolfgang Amadeus Mozart, Kaiserin Elisabeth (Sisi); **Schweiz** Johanna Spyri, Wilhelm Tell, Roger Federer.
2 a Präpositionen, die den Genitiv benötigen, sind (an)statt, während, trotz, **wegen**, ange**sichts** und auf**grund**.
b i Während des Open-Air-Konzerts ist die Straße gesperrt. **ii** Statt der Kartoffeln nehme ich lieber den Reis.
3 a Nachdem er 1975 seinen Rücktritt vom Leistungssport bekannt **gegeben hatte**, wechselte er ins Filmgeschäft. **b** Schwarzenegger setzte sich für die Reduzierung von Treibhausgasen ein, nachdem er Gouverneur von Kalifornien **geworden war**. **c** Nachdem bekannt wurde, dass er eine Affäre mit seiner Hausangestellten **gehabt hatte**, trennten sich er und seine Frau.
4 a Hermann Hesse; **b** Dienstleistungen; **c** niedrige Gehaltskosten.
5 a exportiert; **b** importiert.
6 Tom Tailor leicht optimistisch
Tom Tailor blickt mit leichtem Optimismus in die Zukunft. Wie das Unternehmen am Dienstag in Hamburg mitteilte, **rechne** man für die Herbstsaison mit einem Plus von etwa 2 Prozent. Wegen des heißen Sommers **sei** das letzte Quartal schwierig gewesen. Es **habe** auch Probleme mit einigen Marken gegeben. Für die Modernisierung **brauche** man noch ein wenig mehr Zeit.
7 a Wofür ist die Stadt bekannt? **b** Woran ist er (sehr) interessiert? **c** Wofür sind Sie / bist du verantwortlich?
8 a Denker; **b** Ludwig van Beethoven / Albert Einstein / Angela Merkel etc.; **c** Wilhelm Tell; **d** Christoph Waltz / Billy Wilder / Fritz Lang etc.; **e** Export; **f** Maschinenbau; **g** Stabilität; **h** Forschung.